モノが減ると心は潤う 簡単「断捨離」生活

やましたひでこ

大和書房

はじめに

断捨離の、その先へ

潤いと和みのある暮らし

ごきげんさまです。やましたひでこの自宅へようこそ。現在、ひとり暮らしをしている東京のマンションが本書の舞台です。

おかげさまで、「断捨離」が多くの皆さんに受け入れられ、しばらく地元の石川と東京を往復する生活が続きました。その頻度が上がるにつれて、単身赴任をスタート。それが3年前の話。今は東京のマンションが根《ね》城《じろ》となり、人生初のひとり暮らしも軌道に乗ってきました。壁に絵を飾り、好きな器で食事をし、気持ちのいいベッドで眠る……。ごくごくあたりまえの「簡単な暮らし」を過ごしています。

とはいえ、気分が浮かない日もあれば、一時期は病気でこもっていたこともあります。そんな時、私を励ましてくれたのは、憧れだったヘレンドのティーカップ。あるいは、沖縄で買ったシーサーの絵。私の気分を萎えさせるモノは、1つも家にありません。

本書では、そんな「おとなのひとり暮らし」のヒントを散りばめたつもりです。誰もがいずれは「ひとり」になります。ひとりをどう受け入れ、どう愉しむか。「私はこうしていますよ」という一例を公開します。恥ずかしい部分もさらけ出して。

ひとり暮らしと家族との暮らしでは、モノの散らかり方が違うわよ！　とお思いの方もいるでしょう。でもじつは、根本は同じ。自分軸をもって、せっせと断捨離に励むこと。モノに対する「要・不要」「快・不快」「適・不適」のセンサーを磨くこと。すると、空間が自分の心のままになり、部屋は居心地よく、掃除は愉しく、はたまた暮らしは愉しくなる好循環が生まれるのです。

では、「断捨離」の基本をおさらいしましょう。

・断……なだれ込むモノを「断」つ
・捨……不要なモノを「捨」てる
・離……「断」と「捨」を繰り返し、モノへの執着から「離」れる

この3ステップを呪文のように唱えてみてください。断捨離はトレーニングです。励めば励むほど、空間は、暮らしはそれに応えてくれます。

さらに本書では、断捨離から一歩進んで、

・美……潤いや和みのある暮らし

の世界へご案内します。「美」とは何でしょうか。

断捨離は、たとえていうなら私たちの肌。潤いのあるキレイな肌を保つためには、まず毛穴につまった汚れや皮脂を取り除くことが肝心。毛穴のつまりを残したまま、化粧水を塗り、ファンデーションをのせても表面をとりつくろっているに過ぎません。反対に、皮脂を取り除きすぎるとカサカサで潤いがなくなってしまいます。

住まいも同じ。「ゴチャゴチャの部屋」では困るけれど、「何もない部屋」ではつまらない。無味乾燥で殺風景な部屋は、「おとなの女性」にふさわしくありません。「私にふさわしいもの」を自らの胸に徹底的に問いかけた上で、過剰なモノを手放す。すると、出ていったモノの代わりに「ゆとり」が入ってきます。

空間のゆとり、時間のゆとり、そして人間関係のゆとり。この「ゆとり」こそが、暮らしに潤いをもたらす「美」。私は過剰なモノを手放したおかげで、年々愉しくなっていますよ。

本書は、わが家を空間ごとにまとめてあります。気になる部屋、気になるアイテムから覗いていただいてもかまいませんし、順にキッチン、クローゼットと進んでいただいてもけっこうです。どうぞごゆっくりご覧ください。

モノが減ると心は潤う 簡単「断捨離」生活
もくじ

第２章　「衣」空間

第5章 「洗」空間

第6章 「学」空間

第7章 「通」空間

切
入
High Radiant Cooking Heater
TOSHIBA

第1章
「食」空間

キッチンは、水平面にやかんだけ

7：5：1の法則で美しい空間づくり

キッチンを家の主役に――。そんな住まいが私の理想です。「食」は暮らしのまん中を形づくるもの。食を提供するキッチンは、裏方ではなく、ちゃんと日の目を見させてやりたいものです。

昔の日本家屋とはちがい、最近の住宅ではキッチンが明るい場所に配置されるようになりました。リビングダイニングとひと続きになったオープンキッチンも一般的です。ところが残念ながら、家の主役にはなりえないキッチンがほとんど。維持管理＝メンテナンスにおいてそれを成しえないのです。生ごみの詰まった水切りカゴがあり、汚いふきんがぶら下がり、こげた菜箸がある。ともすると、前日の食器が洗われずシンクに山盛り……なんて、できれば隠しておきたい光景です。

雑誌で海外の家のキッチンを見て、「道具がたくさんあるのにおしゃれに見えるのはなぜ？」とため息をついた方も多いのではないでしょうか。おしゃれに見えるその理由は、すべての道具を使いこなしているから。使う人と道具の関係が生きている、つまりメンテナンスがうまく働いているのです。

もしメンテナンスがむずかしいなら、道具の数を減らしていくしかありません。

「使っていないモノは捨てよう！」

じつは私は「断捨離」を提唱して以来、その一言を叫び続けているのです。

さて、イギリスのキッチンについて、こんな表現を目にしたことがあります。「水平面にやかんが1つだけ」。これぞ私の求めていたキッチンの姿と思いました。やかん以外の道具はすべてキレイにしまわれ、置かれているとしても厳選された美しいモノが数点のみ。こんなキッチンなら動くことが愉しくなります。

キッチン設計となると、「動線」を真っ先に持ちだすことが少なくありません。この動線がじつは曲者。動線を短くするために、動かずに済む空間づくりを目指したあげく、手の届くところにモノが溢れかえります。

ですから私は、動線をまったく意に介しません。食器棚が少しくらい遠くてもOK。その代わり、モノをとり出す時のアクションカウントを考えます。アクションとは手間のこと。「とり出す手間、しまう手間」のアクションを1つでも少なくするシステムづくりに情熱を燃やしています。具体的な方法はこれからご紹介しましょう。

水平面がスッキリ。

これぞ「水平面にやかんが1つだけ」を体現したキッチン。
見えない収納が7割、見える収納が5割、
見せる収納が1割という「7:5:1の法則」が生きています。

道具の美しさが際立ちます

美しいボディラインに惹かれて買ったやかんは、カタログギフトで1万円。何もない空間にぽつんと1つ置くことで、日常づかいのモノもまるでアートのように際立ちます。

モノはワンタッチでとり出す

「最初のひと手間」で、
作業がラクに

アクション＝手間。この数（カウント）を限りなく減らし、ほぼワンタッチでモノをとり出せるようにすることが私の目標です。

ここで、具体的に私たちのアクションをカウントしてみましょう。

例えば食器棚から、1枚の大皿をとり出す時。①扉を開ける、②上の小皿をいったんとり出す、③下の大皿をとる、④上の小皿を棚に戻す、⑤扉を閉める。これで5つのアクションがあることがわかりました。大皿を使ったあと洗って棚に戻す時は、さらに5アクション。アクションカウントが多いほど、人は面倒くさいと感じるもので、しまいには小皿の上に大皿を重ねて扉を閉めてしまいます。

扉を開けてワンタッチでとり出すためには、食器の数を厳選することがポイント。必要な枚数、必要な種類、大切に使えるモノだけを手元に置くのです。そして、棚に収納するときは、お皿をできるだけ重ねません。重ねるとしても、同じ種類の同じ用途のお皿をごく少し。

冷蔵庫にある食材や調味料もワンタッチでとり出します。例えば、箱に入っただしの素。買ってきた時点で、まず箱の上ぶたをハサミで切り、箱の中の連なった小袋もひとつずつに切り分けた上で冷蔵庫にしまいます。すると、いざ使う時、冷蔵庫を開けて小袋をとる、というワンタッチが実現します。冷蔵庫を開けたまま、箱のふたを開けたり閉めたりするアクションは一切ナシ。

また、食材や調味料の使いかけの袋の口をとめておく時、手間のかかる輪ゴムは使いません。その代わり、ワンタッチで扱えるクリップを使います。このクリップ自身も出番がない時は冷蔵庫のサイドラックで待機しています。

わが家のキッチンで大活躍するペーパータオルも、袋から出し、棚や引き出しなど数カ所にポンポン置いておきます。するといざ使う時、手を伸ばせばいつもペーパーが控えていることになります。

さまざまなアクションに共通するのは、「最初のひと手間」をかけること。

袋から出す、ふたをはがすなどの「最初のひと手間」を惜しまない。すると、その後の作業の流れが俄然スムーズになります。アクションカウントを減らすのは、小さなストレスを減らすのに等しいのではないかしら。

ワンタッチでとり出せてしまえる、手間いらずのキッチンです。

まず器の数を厳選。お気に入りの器、
大切に使いたい器だけを所有します。
数が少なければ、
1つひとつの指定席をつくらなくても
食器棚はこんなにスッキリ。

和の趣きも。タイのセラドン焼き

タイ・チェンマイのマーケットで
みつけたセラドン焼き。和洋中、
どんな料理をも引き立てます。

ワンタッチは
3 STEPです。

① 扉を開ける
② 皿をとり出す
③ 扉を閉める

袋からとり出しておく

だしや調味料を小分けにした袋はあらかじめとり出し、ふたのない容器にまとめて保管。冷蔵庫を開けると細かいモノのありかが一目でわかり、ワンタッチで手にとれます。

トイレットペーパーは1つひとつで収納

トイレットペーパーのストックは前もって袋から出しておきます。わずか数秒のひと手間が、「いざ使いたい」その時に力を発揮します。

はさみも、使いたいその時に

よく使うはさみもはらりと壁にぶら下げて。「見せる収納」を意識すれば、空間マジックではさみがオブジェに変身。

“ディスプレイ”すればとり出しやすい

上段は、九谷焼の「華泉」、中段左は、以前から愛用する九谷焼、右のお椀は輪島塗り。下段左は、ドイツ製の白磁、そして右にはタイのセラドン焼き。

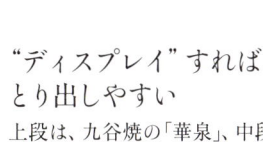

台ふきはいらない

使い捨てペーパータオルで、効率よくいつでもきれいに

布ぶきんがキッチンに何枚も干してある光景は、見栄えがよくありません。くわえて、ふきんはなにかと手間のかかるやっかいな存在でもあります。食器や作業台をふくという後始末の後、ふきんを洗って干すもうひとつの後始末が生まれます。始末の始末ですね。人は手間のかかることを「面倒くさい」と感じるものです。

この「面倒くさい」を断捨離するためにちょっとだけコストをかけましょう、というのが私のやり方。そこで布ぶきんの代わりにペーパータオルを使います。一袋300円ほど。最近はオフィス・デポでネット注文するのでより割安に購入しています。

ペーパータオルの長所は使い捨てできること。最近は、エコの観点から「使い捨ては罪」と責められがちですが、では「トイレットペーパーは使い捨てだからもったいない」と言う人はいるでしょうか。使い捨てペーパーには多くのメリットがあります。

例えば、お皿をふいた後、作業台とガス台をふき、ごみ箱へ。これだけ多様な使い

方ができるのはペーパーだからこそ。また布を清潔に保つことは難しく、エコと呼べない除菌洗剤を使ったり、煮沸《しゃふつ》消毒の手間をかけたりしなくてはなりません。それでも布ぶきんは、新しいペーパータオルの清潔さにはかないません。

断捨離では、目の前のこと＝コストカットに意識を向けるのではなく、トータルで「物事がうまく流れているか」に意識を向けます。ペーパータオルを使うことによって、ふきんを洗って干す手間や時間、見栄えを無視した空間といった数々のムダを省くことができるのです。

ペーパータオルは随所にセット

水まわり、ガスまわりなど使用頻度の高いところ数ヵ所にペーパータオルをセット。シンク下の引き出しには、ボールやおろし器、栓抜きなどと共に収まっています。

汚れはその場でキレイに

繰り返します。ペーパータオルは「使いたい時、手にとれる」シンク下、ガス台横、上棚など随所にセット。

「始末」のいいごみ出しとは

シンク下に
ごみ箱を収納する

始末のいい女になりたい。そう思い続けてきました。ごみの始末だけでなく、物事をきちっと始末できる女に——。この思いの背景にあるのは、母が何かにつけて始末が不得手な人だったから。そんな母の姿を見ていて、いたたまれなかったのです。

さて、始末のいいごみ出しとは「捨てる時も美しく」が基本。調理で出た生ごみは小さなポリ袋にまとめます。そして、すぐさま袋の口をぎゅっとしばり、大きな袋へポイ。その場で密封すれば、臭いの発生もありません。現在のマンションは、毎日ごみ出しできるのもうれしいところです。

ごみ箱はそれじたいが汚く臭うこともたびたび。というわけで、私はごみ箱も使い捨てにしています。わが家のごみ箱は、お店でもらった紙袋です。紙ごみ、資源ごみ、燃えるごみに分かれた3種類が、シンク下の引き出しに収まっています。紙袋が汚れたら、それごと捨ててしまえばいいのです。

シンク下の引き出しにごみ箱を

生ごみの出るシンクの下の引き出しにごみ箱をセット。ごみ箱として重宝しているのが花屋の正方形の紙袋。安定感があり、空間にぴったり。紙袋が汚れたら役目はおしまい。

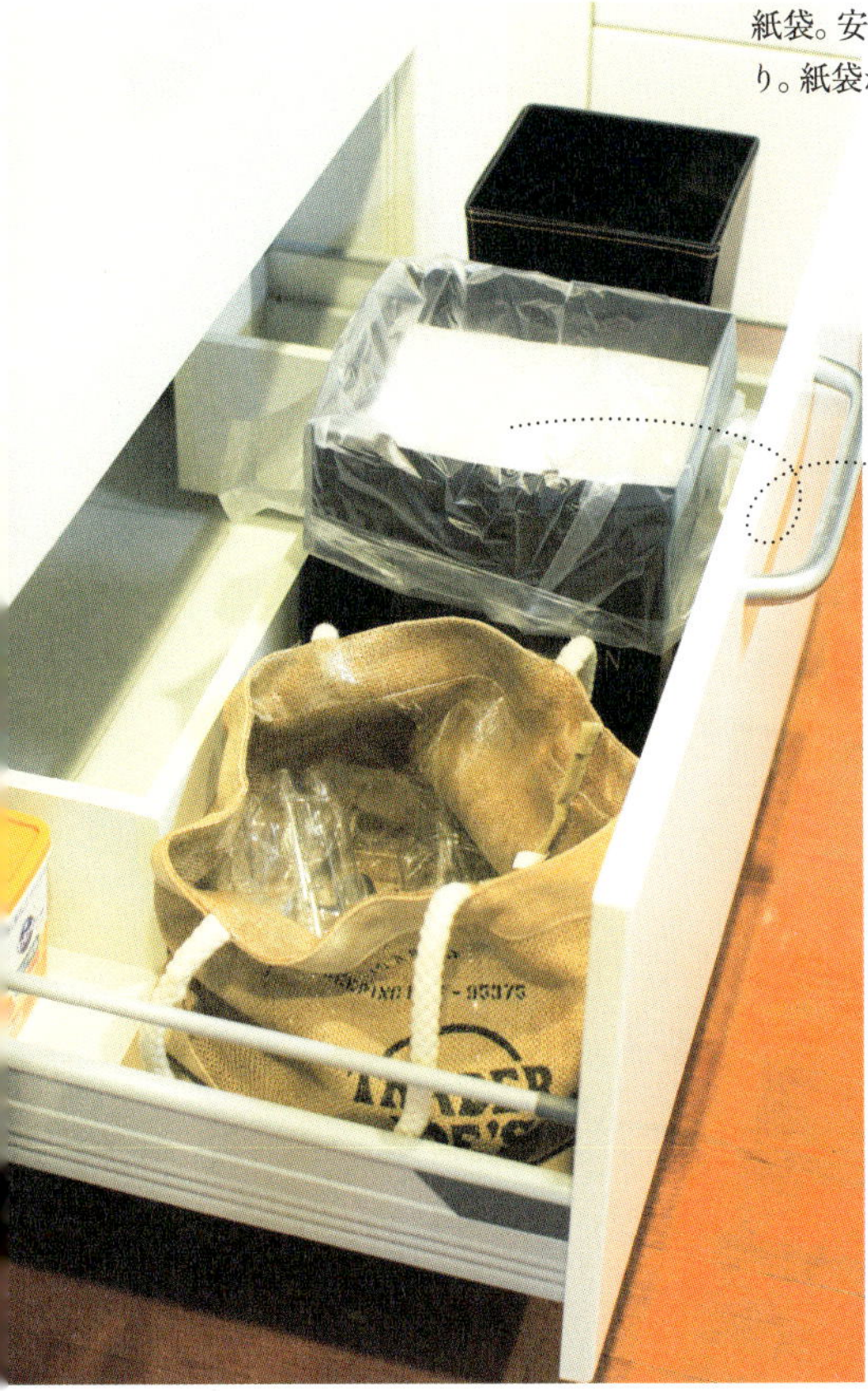

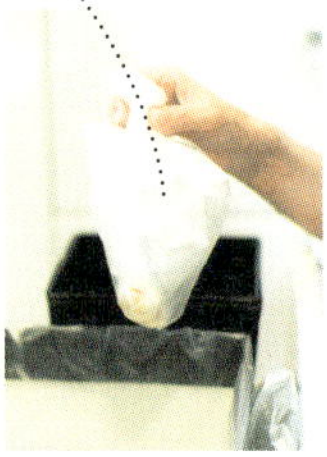

袋はケチケチしません

生ごみが出たら小さなポリ袋に。袋に余裕があっても即、口をしばり、ごみ箱へポイ。これで生ごみがむき出しになる時間はわずか、臭いが出ることもありません。

シンクは一番ごみが出やすい場所。シンク下にごみ箱があるのは、作業の流れの中でとても自然。引き出しを開けるアクションのほかはワンタッチで捨てられます。引き出しを閉めてしまえば、ごみも、ごみ箱もむき出しになりません。

むき出しといえば、公共のトイレでは、むき出しのごみに遭遇することがあります。生理用ナプキンがくるまれずに捨てられているなんて想像したくもないでしょう。こういうものこそ「始末が悪い」というのです。

そこまでひどくはなくても、トイレのごみ箱にペーパータオルがふわふわと溢れているのはよくある光景。始末するところは人に見せるものではなく、自分で自分を律していく世界。「始末のいい女」でありたい私は、ふわふわしたペーパータオルをぎゅっと圧縮してトイレから出てきたりするわけですが。

スポンジはまずカット。用途が広がる

清潔が一番、
見栄えが二番

台所スポンジの色は、なぜうるさいのでしょう。どピンクか、どイエローか、どグリーン。ビタミンカラーと言ったら聞こえはいいけれど、ちっとも私を元気にしてはくれません。騒音ならぬ騒色ですね。

癒やしのナチュラルカラーのスポンジを探し求めているのですが、いまだ出会いを果たせず。というわけで、今は白いメラミンスポンジを使っています。洗剤を使わずに洗いものができるのもメラミンスポンジの強みです。

これをまず使いたい大きさにカット。手に収まりのいいサイズにします。

スポンジを使うサイクルは、長くて3日。食器洗いでややくたびれてきたスポンジは、シンクやガス台磨きに使います。さらに、トイレの便器を磨けば、ペーパーで磨くよりもピカピカになります。こうしてお下がりのお下がりまで使ったら、ごみ箱へ。

カットスポンジは小回りが利いて、家じゅう隅々までキレイになっていくようです。

使い捨てが前提ですから、常に清潔なスポンジで食器洗いができます。「いったいどこまで使うの？」と不安になるほど、ひとつのスポンジを使い続けている人がけっこういます。スポンジは雑菌の繁殖場。せっせと除菌して使っていたりするのですが、私に言わせれば、除菌より捨てるのが先でしょう！

食を提供するキッチンは、清潔第一。食器は直接口に触れるものですから、食器を洗うスポンジを疎かにはできません。

スポンジをカットすることは、ちょっとした手間かもしれません。でも、ひと手間を惜しまなければ、その後の作業がとってもラク。はじめに手間をかけるか、後から手間をかけるか。トータルの手間の量は同じでも、後からやるとなぜだか面倒に感じてしまいます。それはきっと、作業の流れが滞った状態に人はストレスを感じるからなのでしょう。キレイなスポンジで「始末」を愉しくするのです。

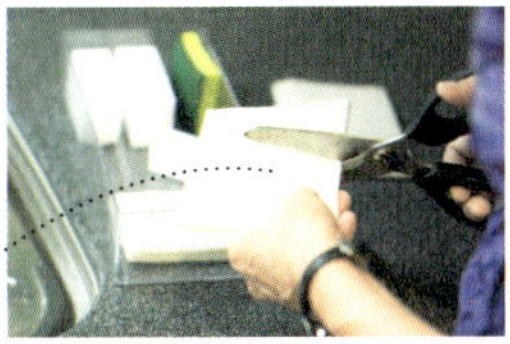

多めにカットしておきます

板状で売られているメラミンスポンジは、手のひらに収まるサイズにカット。3日サイクルで出番がくるため、多めにカットして透明容器に。黄色と緑のスポンジはシンク洗い用。こちらもカットして使います。

水切りラックは置かない

食器洗いが面倒なのは、
数が多いから

ひとり暮らしの今は食器の数も少ないため、食後の片づけは手洗いでしています。家族と住んでいた頃は、もっぱら食器洗い機。食器が多かろうと少なかろうと、その都度、食洗機を回すのが常でした。ところが、「電気代がもったいないからお皿をためてから食洗機を回す」というポリシー（?）の人をたびたび見かけます。

この節約術は、果たして成功しているのでしょうか。

食器が汚れたまま放置されていたら、ずっと気にかかりスッキリしない状態が続くわけです。それはやがてストレスになります。ストレスがたまるとお金をどかんと使いたくなる経験はありませんか。そう、「節約をがんばっている私」にご褒美を与えたくなるのです。ご褒美ならまだしも、ストレスをこじらせて医療費になってしまったら大変。いずれにせよ、節約したつもりで、トータルで見ると出費がかさんでいることが多々あるものです。これを私はチマチマ（節約）&ドカンの法則と名づけました。

さて、食器を洗った後、水を切るラック。これはわが家にありません。「ひとり暮らしだからでしょう？」と思われるかもしれませんが、家族と暮らしていた時も水切りラックは置きませんでした。ただでさえ存在感のある水切りラックの上に、こんもりとしたお皿の山。あまり見栄えがいいものではありませんね。たいていの場合、何の気なしに「ラックがあるから置いている」。そして「ラックからお皿をとり出して料理を盛る」。水切りラックは「無自覚の証」です。

では、水切りラックなしでどのようにお皿の水を切っているか。私はキッチンペーパーを重ねて使っています。ペーパーをシンクの横に広げ、そこへ洗ったお皿をふせて置いていきます。水がある程度切れたら、新しいペーパーでお皿をふいて棚へ戻します。

ペーパーが水切りラックと違うところは、「一時的に置いていますよ」の図になっていること。よって自然と、お皿をふいて食器棚へ戻す「流れ」が生まれるのです。

キッチンにゆとりが生まれました
ひときわ存在感のある水切りラックがないだけで、シンクまわりはスッキリ。お皿が作業台に出ていないことで、他の調理道具の「出しっぱなし」も防げます。

鍋は「見てくれ」で選ぶ

引き出しに収まった姿も美しい

キッチン道具はビジュアルで選びます。そういうと、失敗はないの？　と聞かれますが、はい、失敗はありません。「用の美」という言葉をご存じでしょうか。使いやすいモノは自ずと洗練されて美しいモノになるという言葉です。

鍋は「用の美」の代表格。食卓にも上げられる美しいモノを、という基準で選んだのが、ル・クルーゼの鍋です。

50代で初めてのひとり暮らし。まるで新婚さん気分で、うきうきしながらデパートの鍋売り場へ。憧れのル・クルーゼを目の前に、赤にしようか白にしようかと悩んだあげく、「赤！」となりました。

じつはこの買い物、昔のトラウマが影響しています。20代で結婚した当初、義理の両親との同居からスタートしました。台所に跋扈《ばっこ》していたのは、おばあちゃんのアルミ鍋。色気もへったくれもありません。「いつかは絶対に美しい鍋を」と若かりし私

しまった姿も美しく

5つのル・クルーゼの鍋（プラス他ブランドの鍋1つ）は、ガス台下の引き出し2段にわたって収納。美しい調理道具で、料理のプロセスも愉しみます。

鍋の下には「座布団」

それぞれの鍋の下には、ニトリで買った赤いシリコン製の敷きものを。この敷きものはきつくしまった瓶のフタをきゅっと開ける際にも役立つすぐれものです。

は夢見ていました。

それからウン十年。ようやく叶った美しい鍋は、軽量のアルミ鍋に反発するかのように重量感たっぷり。「重たい鍋を使って腕力鍛えるぞ」などと気合いが入ったものです。アルミ鍋の恨みは怖いですね。

さて、1つ3万円ほどのル・クルーゼの鍋。5つのタイプを1つひとつ順に揃えていきました。最初に標準サイズを1つ。それから大勢のお客さまのために、やや大きい楕円のモノを1つ。さらに、ごはんを炊くのに使う小さめのサイズを1つ。

そしてフライパン。深みがあるためパスタやそばを茹でるのに重宝しています。本来の使い方ではないかもしれませんが、ひとり暮らしだから自由に使っています。やかんだけは、やや大きすぎてあまり出番がないのですが。

小さなまな板は手間いらず

鍋敷き、鍋つかみと
並べてカラッと清潔

チーズを切るための小さいまな板。これを鍋敷き、鍋つかみと並べて、作業台の上にぶら下げてあります。さっと片手でとり、野菜も肉もなんでも切ってしまいます。使った後は洗って水を切り、またもとの通りにぶら下げておくだけ。まな板特有の、立てかけて乾かすといった「始末」がなく、とてもラクちん。手間いらずで、いつも清潔です。

じつはまな板ほど、キッチンで人目にさらされ、かつセンスの悪いモノはないと思っていました。かといって、存在感を消すべく買ったプラスチック製の薄いまな板は、安定感がなく切りにくい。切りやすく良質なまな板は、たいがい重たく、フットワークの点でいまいち。どうしたものかと思っていました。

そんな時、出会ったのがこの小さなまな板。3枚板でなかなかしっかり者の上、洗練されたビジュアルも備えています。こんなまな板なら、ぜひ人目に！　とキッチン

空間にハラハラとぶら下げる

どんなに美しい逸品も、ごちゃごちゃの空間にあったら存在感も高級感も消えてしまいます。この愛らしいまな板が引き立つのは、ハラハラとぶら下げているから。

のオブジェになりました。

キッチン道具をなんでもかんでも壁にぶら下げるのは好きではありませんが、飾るようにはらはらとぶら下げるのは好きです。

「ぶら下げる」というのは、「見せる収納」。

ちなみに断捨離では、見せない収納7割、見える収納5割、見せる収納1割の7：5：1を理想としています。

さて、まな板の相棒といえば包丁。今は、3年前に通信販売で買った包丁と、果物ナイフを1本ずつ持っています。とはいえ、ふだん使っているのはひとまわり小さなナイフ。小さなまな板とナイフで間に合う暮らしとでもいいましょうか。

大勢のお客さまがある時は、大きなまな板が登場します。それに並行して、包丁も出番に。知らずしらずのうちに私たちは、暮らしのサイズに合ったキッチン道具を選んでいるのかもしれませんね。

たどりついたのは、和食器

一器多用、
パスタも煮物もＯＫ

一器多用。一器多様とも書きますね。ひとつの器をさまざまな用途に使える、そんなフレキシブルさが和の魅力。畳の部屋をリビングにしたり寝室にしたりするのと同じ感覚です。洋食器に煮物などの煮っ転がしはのせられないけれど、和食器なら煮っ転がしもＯＫ、パスタもＯＫ。和食器のそんな懐の深さが好きです。

10年ほど前に始めたお茶のお稽古で、「見立て」のおもしろさを教えられました。ひとつの抹茶茶碗を、カフェオレ、ごはん、お味噌汁、おそばにと何通りにも使います。器に対する自由度がぐんと広がりました。

私がこよなく愛する器といえば、地元石川県の九谷焼《くたにやき》。多彩な絵付けが魅力で、中でも青と白を基調にした絵柄につい手が伸びてしまいます。大小の平皿から茶碗、小鉢とさまざまな用途で揃っています。

食器棚の一段は、九谷焼をディスプレイするスペース。収納ではなくディスプレイと呼ぶのは、俯瞰《ふかん》を意識するためです。器と器の間には、十分な「間」をとり、極力重ねず置きます。重ねたとしても数枚にとどめて。ディスプレイというと見栄えの美しさが強調されますが、じつは「とり出しやすく、しまいやすい」機能性にこそ優れているのです。

さて、石川県能美市寺井町《のうみしてらいまち》は、九谷焼の絵付師さんが集まる問屋の建ち並ぶ場所。この付近で毎年、茶碗まつりが開催されます。掘り出し物いっぱい、値打ちのある器が半額で手に入る、器好きのワンダーランドです。

先日、数年ぶりにこの茶碗まつりへ。器に弱い私はテンションが上がり、すっかり我を忘れてしまいました。そこで手にとったのが、龍と獅子が描かれた器。最近、スピリチュアル系の人に、「あなたの前世は龍。そして、あなたを応援してくれる人は獅子」と言われていたのですが、なんと茶碗まつりで出会いを果たすとは。

今日はどの器でいただく？

上の棚には、飲み物の器が並んでいます。
九谷焼でビールを、
台湾のティーカップで中国茶を……。
その時々の「見立て」で
ひと味違った味わいが生まれます。

ヘレンドで日常を愉しむ

憧れだったハンガリーのブランド、
ヘレンドのティーカップ。高級品
だからこそ普段づかいして日常に
「至福のひと時」を作ります。

九谷焼の「華泉」

最近わが家にきたラインナップ、女性作家の作品「華泉」。涼やかな配色の中に龍が躍っています。

花模様のティーカップ

台湾で買ったティーポットとティーカップ。一見シンプルな白いカップは、中を覗きこむと美しい立体的な花模様が施してあります。

高級なティーカップを普段づかいする

お客さま用はありません

憧れのヘレンドのティーカップ。ハンガリーの高級ブランドで最上級品なら1客5万円ほど。ずっとほしかったのですが「高いなぁ」と控えていた高嶺の花でもありました。今年の春、体調を崩し、家にこもっていた時期があります。弱った体に活力を与えなくては！　と勢い手伝って、ネットショッピングでヘレンドを購入。一般的なヘレンドより少し下のランクで、1客2万円のヘレンドがついにわが家へやってきました。色違いのティーカップが計6客。思いきった買い物でしたが、幸せな気分に浸れる特別な存在になりました。とはいえ、特別な時にいそいそと出してきて愛《め》でる、そんなモノにするつもりはありません。上質なモノだからこそ、毎日使います。

いいモノを使うと、「自分はいいモノを使う価値がある人間なのだ」とセルフイメージが上がります。反対に、いいモノだからと使わないでおくと、「いいモノを使うに値しない人間なのだ」と自分に刷りこんでしまうのです。

以前、「公開断捨離」なる企画で、あるライターさんのお宅を訪れたことがあります。キッチンでまず目についたのは、20数年前に買ったミスタードーナッツの景品のマグカップ。ここから断捨離スタートと思ったのですが、ご本人は「使っている」とどうしても捨てられません。そこで「今おいくつですか？」と聞くと、「47です」と彼女。「47歳でどんな女性でありたいですか」と聞くと、「そりゃあ、エレガントな成熟した女性でありたいです」。さらに「じゃあその女性像はこのマグカップと一致します？」と聞くと、もう答えるまでもないですね。質問を投げかけられて初めて考え出したのです。

さあ、お客さま用の高級なお皿とグラスを棚の上から引っ張り出し、普段から心おきなく使いましょう。そのうちに、普段使っている上質な食器をお客さまにも使う、という表現が自然になってくるはずです。

ワイングラスは強く美しく

ウェッジウッドのワイングラス。割れやすいワイングラスは、程よい厚みのある丈夫なモノを選びます。1個3000円ほど。こういうモノこそいただきもので済ませません。

炊飯器、電子レンジを「断捨離」する

家電を見直すと
キッチンはぐんと広くなる

キッチンにあって当たり前と思っているモノ。あるから使っているけれど、なくても特段困らないモノ。キッチン家電がそのひとつです。

私は6年前、電子レンジを断捨りました。もともと使いこなすほうではなく、オーブン料理もしなければ、トースターやグリル機能も宝の持ち腐れ。電子レンジ料理が流行った時も、電磁波の問題や食材の組織を壊す云々の諸説あり、ついに踏みこめず。薬味の野菜をみじん切りにして冷凍保存していますが、そのまま鍋に放りこむので解凍機能も必要なし。あるいは自然解凍まかせ。ついに、「私に電子レンジは必要ないんだ」と悟ったのです。

フライパンと鍋さえあれば、大部分の料理はできます。圧力鍋があればいっそう心強いですね。

電子レンジに続いて、炊飯器も3年前に断捨りました。ごはんは、わが愛するル・

クルーゼの鍋で炊きます。寝る前に仕掛けておくことはできませんが、お鍋でごはんを炊くのは、じつに簡単、かつ、とってもおいしいですよ。

さらに、電気ポットも断捨離。お湯はやかんで沸かします。ミキサーやハンドミキサーなどの小型家電も持っていません。

さすがに冷蔵庫までは断捨離できませんが、サイズを断捨離することなら考えてもよさそうです。

「大きい冷蔵庫に買い替えようと思って、冷蔵庫の中味を断捨離したら、結局、ひとまわり小さい冷蔵庫を買っていました」という人もいます。

キッチン家電は何かと手入れが必要です。さらに家電を置くと、空間に死角が生まれます。「キッチンの水平面が見えない＝掃除しづらい」の図式はご存じのとおり。家電がないだけで、キッチンはなんと広いのでしょう。

好きな器や花を飾ることもできそうです。

こんなにがらんとしています

じつはかなりの場所をとっていた！ 炊飯器や電子レンジなどキッチン家電の何もないキッチン。死角がないため掃除も隅々まで行き届きます。

からの密閉容器は、冷蔵庫で保管

容器はワンサイズ、9つだけ

一時期、大流行したタッパー容器。「うちにもあるよ」という方も多いのではないでしょうか。受講生さんのお宅へ伺うと、何十個と出てくる出てくる。冷蔵庫の中で、タッパーに入ったきゅうりがどろどろに溶けているお宅もありました。

そこで、断捨離セミナーで皆さんに質問しました。「タッパーの中に何が入っていますか?」。すると、「タッパーの中には、タッパーが入っています」との答え。「じゃあ、その中のタッパーには、何が入っていますか」と聞くと、またまた「タッパーが入っています」。入れ子状態のマトリョーシカですね。

だから私は言いました。「タッパーって何を入れるもの? 食品ですよね。でも実際は中にタッパーが入っていませんか」。すると皆、大きくうなずく。使っていない大量のタッパーを収納する棚が必要だなんて、どう考えてもおかしな話ですね。

というわけで、私はからっぽの密閉容器を冷蔵庫で保管しています。冷蔵庫の空間で総量規制を働かせているのです。総量規制とは「これ以上持ちませんよ」と数にストップをかけること。密閉容器を使うときは、冷蔵庫からとり出し、使ったら洗ってまた冷蔵庫へ戻します。数にして9つ。容器と容器、ふたとふたを重ね、コンパクトに1ヵ所にまとめておきます。

密閉容器や密閉袋は、ジップロックを愛用しています。ジップロックのよさは、透明で中が見えること。中が見えないとその存在を忘れ、冷蔵庫の奥で食品が眠り続けることになります。

お米もジップロックで冷蔵保管しています。現在、お米は2キロで購入。最初はお米の袋ごと冷蔵庫の野菜室へ。袋の中味が減ってきたら、お米をジップロックに移し替えます。

量が少なくなるにつれて、器も小さく。常に、中身と外身の大きさを一致させるようにしています。

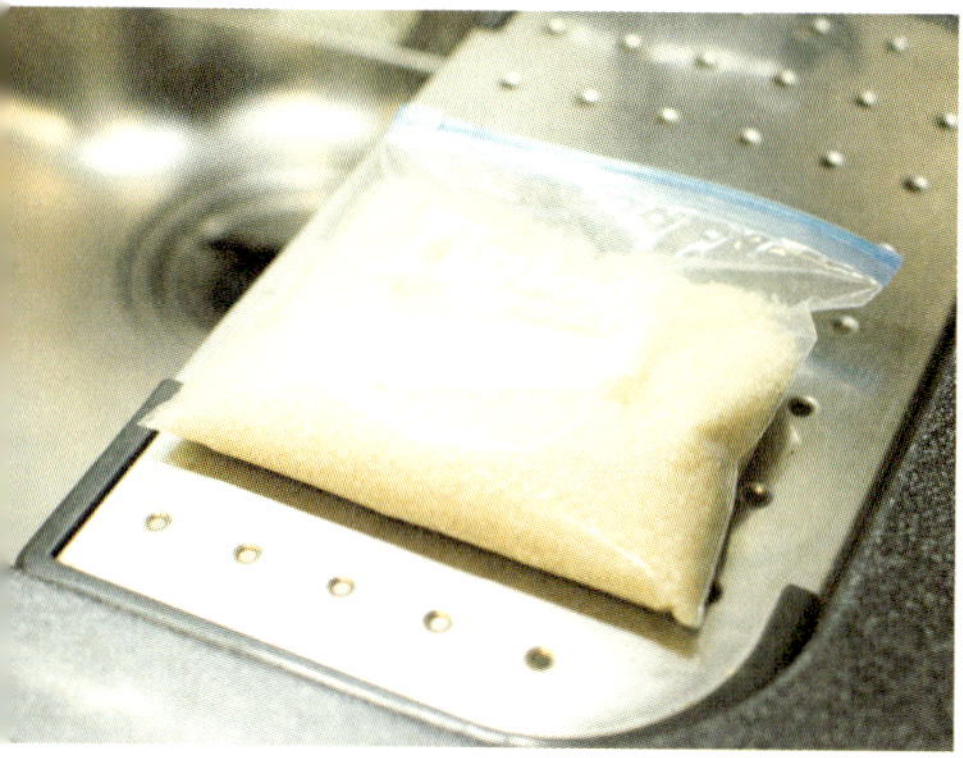

お米も冷蔵庫で保管します

お米もジップロックで保管。お米の残量に合わせて大きい袋から小さい袋に入れ替えます。これで冷蔵庫の見栄えがスッキリ。

冷蔵庫の収納は
こうなっています。

クリップも冷蔵庫で待機

使いかけの袋の口を止めるクリップは、冷蔵庫のサイドラックにはさんでおきます。業務用の強力クリップのため、厚手の袋もしっかりとめて保管します。

食材は冷蔵庫で一元管理

お米、乾物、調味料……基本はすべて冷蔵庫で一元管理。温度・湿度の変化に振り回されず、長期で留守しがちな私にはぴったりの方法です。

ディスプレイ感覚で並べる

調味料の瓶やペットボトルが並ぶサイドラックは、ディスプレイを意識して。1本1本の間にわずかな間隔をとると、1本1本に「居場所」が生まれます。

野菜室には、お米も味噌も

野菜室の引き出しを開けたとき、何があるかは一目瞭然。食材は「重ねず収納」が原則。すぐ使う野菜はそのまま、使いかけの野菜は透明の容器で保管します。

からっぽの密閉容器はココ！

使っていない密閉容器の収納場所は冷蔵庫。容器と容器、ふたとふたで組み合わせ、一ヵ所にまとめて保管します。現在、待機中の容器は8つ。

納豆と八戸水産高校の“ウニ缶”。すぐにいただきたいものは手前に。
花粉症予防になるオーガニックのハチミツ
いただきものの和菓子

ペットボトルのラベルをはがす

炭酸水「ゲロルシュタイナー」を愛飲。ペットボトルのラベルは、はがしておきます。ラベルはあくまで商品を売るためのパッケージ。モノが集合する冷蔵庫の中ではうるさいだけ。

食材は使いきりサイズで買う

あまったら、細かく刻んで冷凍庫へ

普段の食事は野菜中心。冷蔵庫にある野菜でつくる即興創作料理です。簡単レシピでおなかも心も満たされていますが、問題は野菜があまること。できるだけ食べきりサイズで買い、冷蔵庫の食材を使いきることに執念を燃やす私ですが、今年もやってしまいました……。

猛暑の予感を感じさせる初夏、3本100円で買ったきゅうり。ところが、思ったより気温が上がらない日が続いたことで食べる機会を失い、冷蔵庫の片隅で静かに朽ち果てていました。もったいなさとくやしさと申し訳なさと……。わずか100円と済まされない罪悪感が私を襲います。

100円とはけた違いのムダな出費などいくらもしているだろうに、この不可解な気持ちは何でしょう。やはり無機質ではなく有機質。野菜は命をより強く感じさせるからに違いありません。

そこで、普段あまった野菜は、片っぱしから切り刻んで冷凍保存しています。冷凍庫には、ネギ、わけぎ、みょうが、オクラ……料理のトッピングをする薬味類が色とりどりに並んでいます。ネギなど水分の多い薬味は冷凍すると互いにくっついてしまうため、1時間ほど経った頃、容器をシャカシャカ振ります。すると薬味はさらさらで保存され、料理に使いやすくなります。

冷凍保存に適さない食材は、おすそ分け。食べきれないなら、賞味期限、消費期限が来る前にみんなでシェアしませんかという気持ちです。

冷蔵庫いっぱいに食品が詰まっていないと落ちつかない人もいるようです。特にわが親世代。戦中戦後と食糧難を経験した世代。仕方がないのかもしれませんが、だからこそ一言いいたくなります。冷蔵庫にそんなに詰めこんで、あるのも気づかずまた買ってきて、食べきれずに腐らせて……そんな悲しいことはもうやめようよ、と。

食材を使いきって冷蔵庫がからっぽになる爽快感をぜひ一緒に味わいましょう。

野菜はカットして冷凍庫へ

あまった野菜は小さく切って、あるいはみじん切りにして冷凍庫へ。上段の左から、パプリカ、ネギ、下段にみょうが、オクラ。献立の主役、脇役、トッピングとして重宝します。

ランチョンマットで演出する

気分が上がる海外で買った
ランチョンマットペーパー

食は演出がすべて――これが私のモットーです。どう盛りつけ、どう提供するか。食は目で愉しむものです。高級なカニをいただいても、紙皿にのせて食べたら、まったく味気ないものになってしまうでしょう。

料理を盛る器とともに食の演出に一役買っているのが、ランチョンマット。テーブルに直接、器を並べたてるのではなく、ランチョンマットというワンクッションを入れることで料理がグレードアップします。わが家には、紙のランチョンマットとメタリックテイストの撥水性のランチョンマットの2種類があります。

紙のランチョンマットはアメリカ、シアトルのホームセンターで買いました。1枚ずつはがして使う画用紙のスタイルです。日本ではあまり見かけないタイプですが、時々、街のセレクトショップに入荷するので、折を見て買っています。40枚組およそ2000円。

メタリックテイストのランチョンマットは、ニトリの製品。1枚300円で、デザインも使い心地も申し分ありません。青山あたりのインテリアショップなら、似たようなランチョンマットが1枚3000円はするでしょう。ニトリは小物やファブリックを買うのに大変重宝しています。

以前は、布のランチョンマットを使っていましたが、布はどうしても汚れやしみが気になってしまいます。アジアンテイストの布なら洗いざらして繰り返し使っても味になりますが、わが家の食卓には合いません。

その点、メタリックなランチョンマットは、食べものをこぼしてもさっとふけ、すすぎ洗いもOK。シンプルな無地だから、どんな器でもどんな料理でも、キャンバスのように引き立ててくれるのです。

愉しい ランチョンマットペーパー

アメリカ・シアトルで買ったランチョンマットペーパーは、たっぷりしたアメリカンサイズ。ダイナミックな柄はシンプルな洋食器との組み合わせにもってこいです。

「おぼんで一食分」が愉しい

ひとりで食べるときこそ
演出を

食を演出することは、何もお客さまを招いたときにかぎりません。ひとり暮らしなら、普段の食事でなおさら「自分をもてなす」ことを意識したいものです。

ひとり暮らしだと、つい食事がぞんざいになりがちです。買ってきたパックのまま食べたり、短時間でかっこんだり。これではただただむなしいだけ。もはや食事ではなくエサの域です。だから私はお気に入りの器に盛り、箸置きを置いて、グラスをセットして……あえて演出に気を遣って食事しています。

この時、ランチョンマットに代わって活躍するのがおぼん。キッチンでおぼんの上にひとり分の食事をセットし、そのままテーブルに運んでいただきます。一食分がきちんとセットされていると背筋が伸び、ひと口ひと口味わって食べようという気持ちが芽生えます。食べ終えたらおぼんのままキッチンへ。後片づけもラクですね。

お子さんが独立した後、ひとり暮らしを始めた受講生さんがこうおっしゃいました。

「今まで、本当に自分が食べたいものを作っていませんでした」。夫の好み、子どもの好みに合わせて何十年も料理し、ようやく今、自分のために料理をする喜びを感じているとのこと。丁寧に愉しんで料理する。そこに時々、友達を呼んでみたりする。そんな自由があります。お酒を飲むときも、そう。「ひとりで飲むのはむなしい」と言う人もいますが、むなしさを感じるような飲み方はしません。

例えば、私はビール派ですが、缶ビールより瓶ビールで飲むほうが格好がつくと思いませんか。

また、一升瓶のお酒をいただいた時は、デカンタに移し替えてグラスに。デカンタはホームパーティーでも絵になります。ちなみに日本酒は吟醸派ですが、大吟醸ともなるとワインのようにフルーティでおいしいですよ。

珈琲はハンドドリップで

コーヒーメーカーは断捨離し、ドリップでじっくり淹れます。能登半島の二三味（にざみ）珈琲をはじめ、各地のコーヒー豆を取り寄せて味わっています。

料理はトッピングでごまかす

おもてなし料理も
時短でカンタン

食は演出がすべてと書きましたが、私の究極の演出法はトッピングです。料理はトッピングでごまかします、いや彩ります。トッピングの女王と呼んでくださいね。

ごま、のり、じゃこなど乾物系のトッピングは、小瓶に入れて冷蔵庫で保管しています。小瓶を眺めるだけで料理のアイデアが湧いてきます。みょうが、しょうが、大葉などの薬味は冷蔵庫に。あるいは、あまった野菜を細かく刻んで冷凍庫に保管しています。日本のハーブである薬味は食材の毒消しをし、消化吸収を促進します。

ではここで、きのう作ったトッピング料理を紹介しましょう。「厚揚げの煮びたしトマト風味」。と名づけてみたけれど、材料はたまたま冷蔵庫にあった残りもの。ホームパーティーをした際にあまった、焼いた厚揚げが主役です。

1．焼いた厚揚げとくし形に切ったトマトをだし入り醤油の薄味で15分ほど煮こむ。

2. 煮こんだ厚揚げ3切れをお皿に置き、そのまわりにトマトを置く。
3. みじん切りしたわけぎとみょうがを山盛りにトッピングする。

トマトを煮こむとだしが出ておいしいです。オクラやおかかをトッピングしてもよさそう。私はこの料理をそばの上にのせ、そばサラダ風にして食べました。この料理自体がトッピングになるのです。

お客さまが見えた時は、トッピング料理を大皿に盛って出します。ひと品ずつ、ひと皿ずつの懐石料理風にはしません。テーブルに大皿をどかん、どかん、どかんと置き、「どうぞご自由に」のスタイル。「ご自身の胃袋に合わせて、好みに合わせて、調節して食べてください」という気持ちを込めたテーブルセッティングです。

こんなおもてなしには、ドイツ製の長方形の白い大皿や、沖縄の壺屋やちむん通りで買った陶器のお皿がここぞと活躍します。

パーティーで活躍する白皿

ドイツの陶磁器メーカーVilleroy & Bochの3つのサイズのお皿。ホームパーティーで活躍する一式のため、「重ねず収納」はここだけ例外。

キッチンの角に大好きな器を飾る

不思議なご縁でやってきた
沖縄の焼き物

那覇市内。観光客でにぎわう国際通りから少し離れたところにある、壺屋やちむん通り。ここには300年の伝統を誇る壺や陶器を扱うお店が軒を連ねています。その通りの一角、店頭の迫力あるシーサーの墨絵に心惹かれて入ったお店。その女性店主と意気投合し、思わぬ器を手にすることになりました。

一目見て気に入った陶器は、売りものではなく、店主が私用に使っていた器。それを指さして、「どうしてもほしい」と伝えると、店主はあっさりと承知してくれたのです。「モノは気に入ってくれた人のところに行くのが幸せ」という言葉とともに。

じつはその器は店主が40年も前に、とある作家さんからあずかって扱いをまかされていたモノでした。どうやら少しばかりの歪《ゆが》みがあるらしく、表舞台に出す作品としては難がある代物。以来、ずっとこの店の片隅で、いつのまにか店主の私物の器となっていました。

ホコリをぬぐい、私の前に差し出された器は、なんと壺屋三人衆とうたわれる名陶工、故・小橋川永昌〈仁王〉の作品ではありませんか。本来なら売ってもらえるようなモノでなく、また、もしも買うとしたらそれこそ桁がいくつも増える驚きの値がつくはず。でも気風のいい女性店主は、信じられないほどのわずかな値段で、あっさりと手放してくれたのです。

「キッチンは水平面にやかんひとつ」をモットーにしている私。でもこの器なら、やかんと共に飾って眺めていたいと思いました。

ふだんはキッチンのコーナーにあり、お菓子や季節の果物をのせています。お客さまへのもてなしでは、堂々と食卓に上がります。

和洋中華、どんな料理にもしっくりなじむ、じつに頼りがいのある器なのです。

へごっている魅力

田舎の言葉で「へごっている」つまり、ちょっぴりいびつな形をした器につい手が伸びます。九谷焼しかり、壺屋焼きしかり。ぬくもりのある趣きが気に入っています。

第2章 「衣」空間

クローゼットを新陳代謝させる

ハンガーの数で洋服の総量をコントロールする

洋服は、食べ物と同じ。「旬」のものが一番おいしく、滋養とエネルギーに溢れています。洋服はつまり「お刺身」。だからクローゼットは、いつも新鮮な風が循環する空間でなくてはなりません。

わが家の寝室にあるウォークインクローゼット。コの字型にハンガーパイプが通っています。向かって左手が交感神経用の服、右手が副交感神経用の服の指定席です。交感神経用の服とは、その時々に自分がどう見られたいかという演出用の服。同時に交感神経を刺激してテンションを高めてくれる服。主に仕事服がこちらに当たります。副交感神経用の服は、あくまで自分が和み、くつろぐための服。ふだん着や部屋着、寝間着がこちらです。

クローゼットの正面、まん中のパイプは基本的に空席。そこは、前日に準備した服を吊るしておく場所。洋服を外した後の空いたハンガーは、必ずこのまん中のパイプに来ます。さらにわが家は、まん中のパイプにある空きのハンガーで洋服の総量規制を働かせています。総量規制とは、「これ以上、持ちませんよ」と数にストップをかけること。1本ハンガーが空いていたら「あと1着買ってもいいよ」という目安。ハンガーの数はクローゼット内のゆとりを伝えています。

当のハンガーも美しいモノで揃えたいもの。昔はクリーニング屋のハンガーといえば針金で切ない気分にさせられましたが、最近は黒のしっかりしたハンガーが主流。お店によって少しずつ形が違うので、合わないと思ったらまとめてお返しします。

さて、クローゼットにある洋服の枚数は、交感神経用の服が6セット。副交感神経用の服が6セット＋寝間着。それ以上にならないサイクルを作っています。ほとんどの服が1～2ヵ月サイクル。中には数年越しで着ているワンピースもありますが、これらも含め、クローゼットにはいつも新鮮で出番のある「お刺身」しかありません。

積極的に着たいと思わなくなったら、潔く手放す。あげる相手を想定し、どんどんもらってもらう。ひっきりなしに衣替えをしているようなものです。

そんなにばんばん手放したらもったいないですって？　いいえ、もったいないのは、洋服と格闘する時間、管理・収納する空間、それに費やすエネルギーであって、モノではないはず。お刺身はやっぱり鮮度が大切ですよね。

寝室のクローゼットは
冂の形です。

クローゼット内の服はすべてハンガーに吊るして収納。
これは洗濯したものをハンガーで干したそのままの姿。
ハンガーから外す、たたむ、しまう動作は、ほぼありません。

Tシャツもハンガーで収納

クローゼット右手のパイプは普段着と寝間着のスペース。洗濯回数の多い服だからこそ、浴室乾燥機でハンガー干ししたものをクローゼットに移動するだけ。手間いらずの管理法です。

カゴその②

靴下・タイツのカゴ

靴下・タイツ・ストッキングを収めたカゴ。ふたがないため、何がいくつあるかが一目瞭然。

カゴその①

手前には、下着のカゴ

クローゼットの右手下には、手前から下着入れ、靴下・タイツ入れ、左手にはふろしき入れの3つのカゴがあります。

出番の少ないスポーツウェア（水着関連）・ヨガウェア・トレーニングウェアなど。

夏もののズボンなど。

仕事服は上下セットでわかりやすく

クローゼット左手のパイプは仕事服。上下のスーツやジャケット&ワンピースなど、着る服をワンタッチでとり出せるようにハンガーに吊るします。

真ん中のパイプは明日、着る服！

中央のパイプは普段は空きスペース。翌日に着る服をかけておきます。上段にはシーズンオフのふとん。ふとん袋や圧縮袋は使わず、目にとまる場所に置いて管理します。

カゴその③

ふろしきのカゴは奥に

現在3枚。布の間に布の端っこを挟みこむ「自立式」のたたみ方で収めます。

上質な下着を身につける

綿100%は
卒業しよう

「1枚5000円のパンティを身につけています」と言ったら、皆さんビックリするかしら。昔は3枚いくらの綿の下着がお決まりで、「健康のためにも下着は綿！」と思いこんでいた私。ある日、とある先生に「高級下着を買いなさい」と勧められ、転機がやって来ました。

その先生とは、身体研究家の三枝龍生先生。著書『最後に残るのは、身体だけ』でこんなことを言われています。「カーテン・パンティ作戦。人の目に触れないものを取り替えると、潜在意識は出番と感じるのでしょうか。論理的にはありえないような不思議なことが起きる確率が高くなります」。

この考え方はいかにも断捨離的で、私は深くうなずきました。人から見えないところをスッキリさせると潜在意識がスッキリする。これは日頃から私が実感し、まさに実践していたこと。クローゼットや押入れの中をせっせと片づけ、排水溝をウキウキと磨く私が、なぜ下着へ目を向けなかったのでしょう。

「健康一辺倒じゃなく色気だ！」と目覚めた私は、戦闘モードでデパートへ。手にしたのは、綿でも絹でもない、ナイロン素材の下着。スリップ1枚とパンティ2枚とブラジャー1つが1セットになったものを3セット。金額にして10万円。「こんなに高いの？」と腰が引けそうになりましたが、ここで負けてはいられません。

こうして現在に至るまでの3年間、10万円の価値はあったと断言します。何より、毎日のように洗濯しても、少しも傷みがなかったのは驚きでした。

安い下着だと傷みが早く買い替える頻度も上がりますが、やはりいいものは違う。もちろんお店の人にきちんと選んでもらったので着け心地も違います。

内緒でいい下着をつけるのは、秘め事を持っているようで、なかなか気分のいいものですよ。

下着の数はたったこれだけ

持っている下着の総量は、パンティ6枚、ブラジャー3枚、スリップ3枚。見えない部分だからこそ、上質で愛着の持てるモノを。

ストッキングはふたのないカゴで保管

まだ履ける？
いいえ、もう履きません

現在、クローゼットにあるストッキングは6本、タイツは3本、靴下は3足。3という数字にはこだわりがあります。陰陽学では、偶数は陰、奇数は陽とされています。さらに老子の言葉に、「1は2を呼び、2は3を呼び、3は万物を呼ぶ」というものがあります。これらの考え方を採用し、何事も3の倍数で決めていきます。

さて受講生さんのお宅にお邪魔すると、引き出しの奥に大量のストッキングやタイツが押しこまれているのをたびたび目撃します。毛玉のついた履き古しのタイツは、もうこの先、履くことはないでしょう。こうしたモノは、断捨離の第1段階「使うか・使わないか」で迷わず手放せますね。

では、一度しか足を通していない流行のカラータイツ、あるいは多少くたびれているものの、ほつれのないストッキングは？　履く可能性は捨てきれないけれど積極的に履きたいとは思わない。こうしたモノは、断捨離の第2段階「使いたいか・使いたくないか」センサーを働かせて。ストッキング類はコンビニでも手軽に買え、「捨ててしまった」という失敗感が少なくてすむもの。断捨離トレーニングにうってつけです。

わが家では、これらタイツ靴下類は、ふたのないカゴに収まっています。ふたがないだけで断然、「モノがとり出しやすく、しまいやすい」。ふたがあるから、タイツを押しこんで、ふたを閉じて見えなくしてしまう。見えないから、タイツの存在は忘れ、新しいモノを買っては増やしていくのです。

さらに私は、ふたのないカゴで常時、モノの総量規制をかけています。カゴに入る分だけ持つ。ぎゅうぎゅうに詰めるのではなく、モノが心地よさそうに並ぶ分だけ。

古いモノを捨てたら新しいモノを買う。こうすると、「しまう＝メンテナンス」が自然に成り立ちます。モノが少しなら、管理・収納に頭を悩ませなくてもよいのです。

ふたのないカゴで「総量規制」を

このカゴで「これ以上、持ちませんよ」と数に規制をかけます。そのためには「俯瞰」が命。空間に余裕があってもぎゅうぎゅうに押しこみません。

旅行に万能、ふろしきの魅力

大きいもの1枚と、
小さいものを2枚

ものをむき出しにしない奥ゆかしさ。これぞ日本の古きよき伝統。日本には包む文化があります。ちょっとお遣いものを包む時、さっとふろしきをとり出せたら、粋ではありませんか。ふろしきは、和食器と同じく変幻自在。用途を限定しません。容量もフレキシブル。そして何より柄の美しいこと。たたんでバッグに忍ばせておけばかさばらないし、包んで手に持てば絵になりますね。

わが家にあるふろしきは3枚。旅先で「運命の出会い」を果たすことも多く、飛行機の搭乗待ち時間に羽田空港で買ったものもあります。

一番大きなふろしきは、赤地にうさぎの柄が散りばめられたもの。「うさぎ柄がほしい」と思いつづけていたところ、とある呉服店で出会ったものです。厚手のしっかりした生地で、かなりの大判。使うのはもっぱら着物を包む時ですから、年に数回出番があればいいほうでしょう。

もう2枚のふろしきは、旅行時に重宝しています。大きいほうは洋服の着替えを包む時に、小さいほうは下着や小物を包む時に。スーツケースの中で持ちものがバラバラになったりむき出しになったりしないのが美点です。

ふろしきの包み方は、対角線の端と端をぎゅっと縛ることはせず、包み紙のように角をぱたぱた折って包みます。するとき四角い包みができあがり、スーツケース内にぴったり収まります。スーツケースからふろしきが登場すると、周りの人がわっとどよめくこともあります。

長持ちするすぐれものですが、旅行用の2枚はそろそろくたっとしてきたので、新しい1枚がほしいこの頃。ふろしきをあたりまえに日常づかいする、そんな暮らしに憧れます。

愛用するふろしきは3枚

大きいもので125センチ四方、小さいもので88センチ四方といずれも大判。だからこそ使い道も多彩。自己流で愉しんでいます。

特別な日の服は持たない

レンタルで、着こなしが広がる

不意に、不定期に、出番がやってくる冠婚葬祭服。こういう類の服を私は所有しません。

例えば、パーティードレス。パーティーは一瞬の、あくまで旬のイベントです。そのたびに衣裳を買っていたら、お金がかかって大変。かといって一張羅を着回していると、「パーティーでいつも同じ服を着ている人」に成り下がってしまいます。

よって、パーティードレスはいつも借りものです。ちょうどいいサイズのドレスを気兼ねなく貸し借りできる友人とシェアして。人から借りるのはちょっと……と思う方はレンタルブティックを利用するのも一案でしょう。

お葬式の服も同じ。喪服として所有している服はありません。その時々のトレンドの黒いスーツを選び、普段から着て、いざとなったら喪服としても使います。着物という手もありますが、急なお葬式に着物はなかなかハードルが高い。喪服もレンタルで十分ではないでしょうか。

そもそも私は、お葬式に出ない主義。身内のお葬式は別ですが、お葬式というものが好きではないのです。縁もゆかりもない誰それのお母さん、とかね。死者を悼む気持ちはもちろんありますが、だからこそ生前に深いつながりのなかった人のお葬式には行きません。申し訳ないけれど、お香典のみで失礼させてもらっています。本当に大切な人のお葬式なら、喪服でごちゃごちゃ言うこともないでしょう。

かくして、冠婚葬祭服（冠婚葬祭そのもの）の断捨離を宣言した私ですが、ハレの日に着る着物だけは特別。着物はレンタルもできますが、できれば所有したいですね。日本人はやっぱり着物が似合います。日本の女性として生まれた喜びを感じさせてくれます。小柄の人がロングドレスを着ると様になりにくいのですが、着物ならむしろこじんまりして粋な風情に。

年を重ねるほど見栄えがするのも着物のよさ。派手な着物を渋めの帯で落としたり、地味な着物を帯で華やかにしたり。私は10年ほど前からお茶を始めましたが、折々のお茶会には喜びいさんで着物を着ていきます。最初はよくわからないまま安物も試したりしましたが、今は厳選して、夏物を含めた5枚。

着つけは人にお願いしていますが、自分で着物を着られたら、それこそ粋ですね。

仕事服は月に一度、手放す

いつも新鮮な
トータル6セット

枚数は少ないけれど、いつも違う服を着ている――そんなふうに見えるのが理想です。今、クローゼットにある仕事着は、トータルで6セット。ワンピースとジャケット、あるいは上下のスーツが主要アイテムです。これらを毎月3セットを手放し、3セットを買うサイクルです。1セットを着回す期間は、およそ2ヵ月。この間はヘビーローテーションもいいところで、とことん着倒します。だからこそ「ありがとう」と心おきなく手放せるのです。

洋服というのはエネルギー、つまり「気」をまとっています。今この瞬間にしっくりくる「気」というものが存在します。

「気」にもいろいろな種類があり、季節の「季」、時流やトレンドを表す「機」、あるいは、より感情のこもった「喜」「輝」「奇」などなど。強い「気」を感じる服が自分にとっての旬の服。昨年の服がくたびれて見えるのは、洗濯で色あせてしまったせいもありますが、やはり「気」が抜けてしまったのでしょう。

色が持っている「気」もあります。私の場合、仕事にはオレンジ系やイエロー系を好んで着ていることに気づきました。いわゆるビタミンカラー。色彩心理学でもビタミンカラーは太陽のような明るさ、快活さを与えるといわれています。まさしく今の気分の象徴。同時に、色の力を借りて気分を高めようとしていることも確かです。

仕事服を買いに行く頻度は、ひと月に一度。月1で髪の毛をカットするついでに同じ青山のショップに立ち寄ります。買い物については浮気性の私ですが、最近通いつづけているお店はフランスのインポートドレスやスーツを扱うお店。多彩なデザインの1点ものがリーズナブルに手に入ります。顔なじみの店員さんにアドバイスをもらいながら洋服を買うのは愉しいひとときです。

よく「やましたさんはストイックで買い物なんて興味ないんでしょう」なんて言われるのですが、誤解も誤解。買い物は大好きです。もっと言えば、「お店ではコレと思って買ったのに、家に帰ってきたらイマイチだった」という失敗も多々しています。

でも私はこう言いたい。買い物に失敗はつきもの。

「買っちゃいけない、でも買っちゃった」という後ろめたさを必要以上に持たず、失敗も含めて買い物を愉しみます。

ふだん着こそ、真剣に選ぶ

「こうなりたい私」へ
どんどん冒険しよう

胸元の開いたちょっぴりセクシーな服、透け感のある白い綿のレース……。ふだん着こそ冒険したいですね。よそ行き服のお下がりではなく、自分が和むための服を厳選し尽くして。色っぽく、艶っぽく、女性の身体性にフォーカスする「大人の女性」の服を身につけたいものです。

そう思っている私ですが、昔は黒と白が定番でした。パンツスタイルばかり、家ではジャージでも平気。「大人の女性」とはほど遠いスタイルでした。

明るい色を着てスカートをはくようになったのは、50代になってからです。

この驚くべき変身は、おそらく「断捨離」で人前に出るようになってから。あるテレビ番組にコメンテーターとして呼ばれた時のこと。それなりのものを身につけたつもりでしたが、周りのファッションにすっかり圧倒されてしまいました。「テレビってこんなに派手なのね」と。人前に出るということは、強い印象を残す服をきちんと選ぶべきなのだとそのとき痛感したのです。

どちらかというと私は、目立つことが好きではないほう。有名になることへのネガティブな要素に意識が行きがちでした。でも今は、この「今」を愉しもうと気持ちを切り替えました。すると、同時に服装も「今」にふさわしいものに変化してきた。やはり明るい印象は必要ですからね。明るい洋服を着始めると、「お似合いですね」と周りが褒めてくれます。それで弾みがついて、どんどん派手になっていきました。

「ジョハリの窓」の話をご存じでしょうか。それは、「自分も知っていて人も知っている自分」「人は知っているけれど自分は知らない自分」「人は知らないけれど自分は知っている自分」「自分も人も知らない自分」の4つの窓があるという話。

かつての私は、「自分も知っていて人も知っている自分」でした。それが、ライフスタイルが変わり出会う人もバラエティに富んでくると、「自分では気づかなかったけれど、私ってそうなんだ」という場面が増えます。「似合う・似合わない」は単なる思いこみに過ぎなかったと気づかされました。

ところで、先ほど「昔はジャージでも平気だった」と書きましたが、ジャージや古着を好んで着ている人はむしろ尊敬しています。古着を愉しめるのはハイレベル。あえて古着を粋に着こなす、そこにチャレンジするのも新しい冒険かもしれません。

眠る時は白い綿ブラウスで

自分らしさ、
大人らしさを演出する

マリリン・モンローのように「寝る時に身にまとうのはシャネルの5番」とまでは言えないものの、寝る時は大人の女性としてシックでありたいもの。寝ている時はつまり意識がないわけですから、身につけるものは密着した肌も同然。どんなものを着たら、一番自分らしく眠れるでしょうか。

私はパジャマでは寝ません。正確にいうと、パジャマとして売られているものは買いません。パジャマという響きがどうも子どもっぽいし、事実、デザインも大人の女性らしいでしょうか。ネグリジェも好みではありません。私の寝間着は（この寝間着という言葉もシックではないのだけど）、しいていえば「カジュアルエレガント」な装い。「寝ることを愉しむレジャー服」ともいえそうです。

寝る時は、綿や絹の白いレース地のロングブラウスをふわっと着ます。肌ざわりがよく着心地のよい、エロティックではないけれど色っぽいものを。夏はノースリーブ、冬は長袖。ふわっとしたトップスの下は、スパッツやパンツで合わせます。枚数は上下で3セット。毎日洗濯するので、そんなに数は必要ありません。

白い綿レースが好きなのは、亡くなった姉の影響もありそうです。白いブラウスが好きで、綿100%か絹の素敵なブラウスをいつも着ていました。姉は本来センスがよくファッションを愉しみたかった人。収入を得るようになると、子どもの頃からの思いが弾けるように好きな服を買っていました。結婚後ドイツに住み、日本より安く手に入る環境もよかったのでしょう。そして大量のブラウスを残し、52歳で亡くなってしまいました。姉のブラウスは、切ってパッチワークのタペストリーにし、しばらく壁に飾っていました。今は再リフォームしてクッションカバーに。キルト作家の川之上佐代子さんに仕立ててもらいました。姉とは仲良し姉妹とはいえませんでしたが、こうしたモノを手元に置くことでつながっているのでしょう。白い綿レースを着るのも姉への敬意の表れなのだと思います。

お気に入りの1枚です

ここだけの話。「シャネルの5番」ではないけれど、寝る時は「ノーパン健康法」を実践しています。体を締めつけるパンティのゴムから解放され、どこまでも副交感神経モードに。

ひと冬に、2枚のコート

ベーシックコートと
遊び心のあるコート

シンプルでベーシックなコートとデザイン性のある遊び心満載のコート。私はひと冬に2枚のロングコートを着まわします。

ベーシックコートは、オーソドックスなデザインの黒が基本。今持っているマックスマーラのコートは本来そこそこ値の張るものですが、ネットショッピングで驚くほど安く手に入りました。ネットでは試着できないのが難点ですが、今回は運よく体にフィット。冒険しがいがありました。

ベーシックなコートを買ってから手放すまでの周期は、およそ2～3年。最近は黒が続いているので、次回は白に挑戦したいです。そしてベーシックなコートには、カラフルなマフラーを合わせて遊びます。「いったい首がいくつあるの?」というほどマフラーを持っている人もいますが、私は2枚のみ。カシミヤなど肌ざわりのいいものを選んでいます。

もう1枚、遊び心のあるコートは、変化のあるデザインで選びます。ポイントは、寒さを心待ちにできるようなおもしろさがあること。防寒性は大事ですが、それを上回るプラスαのあるものを。

今持っているのは、ダウンジャケットです。ダウン＝カジュアルになりがちですが、このコートはエレガント。一見フードに見えるモコモコしたえりについた愛らしい飾りに心惹かれました。ぽんと1枚はおるだけで冬の気分が盛り上がります。

こちら遊び心のあるコートは、ベーシックコートより周期は短めで1〜2年。ファストファッションより上等、でも高級ではない、そんなお店で選んでいます。最近よく利用するのは、全日空ホテルにある「アビステ」というお店。ホテルのショップと聞くと「お高いのでは」と思われるかもしれませんが、実際は意外やリーズナブル。さらに私はバーゲンを狙うので、5万円のコートが約半額で手に入ります。

私の装いは、年間をつうじてほぼ変わりません。ノースリーブのトップスに1枚ずつ羽織っていくだけ。寒かったら足し算して、暑かったら引き算して。コートの下はなんであれ、ロングコートとロングブーツ、マフラーで冬のおしゃれは決まります。

どこへ出かけても冷暖房の完備する今、季節ごとにごっそり衣替えすることもなくなりました。日本の1つの習慣が消えつつあることは、寂しい気もしますが。

第3章「寝」空間

「ごきげんな眠り」へ誘うモノたち

寝室の第一条件は、安全と安心

寝室は、ひたすら眠るための空間。地震大国・日本ですから、モノの落下の危険がないことが第一。ベッドのまわりにひたすらモノがないこと。タンスが倒れてきたり、本が雪崩を起こすところで寝たくはありません。壁に絵は飾ってありますが、ベッドと距離をとっています。安心して眠れる空間であることが絶対条件です。

もう1つ大事にしているのは、ロマンと共に眠りたいということ。「眠り」とひと口にいっても、眠りにつく前、眠りから覚めた後の時間もひっくるめて「眠り」です。異国情緒やロマンにあふれたモノが、私をごきげんな夢の世界へ誘ってくれます。

そんなロマンを感じるアイテムの1つが、窓際のコーナーにあるキリンの置きもの。やさしい目をした2頭のキリンがラブラブな雰囲気で寄り添っています。これは南アフリカで買いました。

もう1つ、非公開の仏像がベッドサイドに。ブータンの国立美術館で出会った漆黒の女神像に惚れこんだのが始まりです。ウェストがキュッとし、お尻はプリッとして、人を踏みつけている（!）。「これはどこで手に入るの？」と学芸員さんに聞くと、「どこにも売っていないからつくらせるよ」とのこと。いざつくってもらったら、漆黒のはずがカラフルできらびやかな像に。ちがう！　と心の中で叫んだわけですが、今こうして枕元にあります。ブータンはとても興味深い場所でしたからね。

さらに壁にはペルーの路上で買った風景画が。ブータンもペルーもなかなか観光客が踏みこまない奥地へ旅したわけですが、人に誘われてなぜか行ってしまったというのが正解。「もう二度と来ないだろう」と思ったけれど、その後、再び訪れています。そんな地だからこそ、なおさらロマンを感じさせるのかもしれません。

ロマンを感じさせる絵

ペルーの路上でふと目にとまった風景画。寝室に飾る絵は、リビングの「交感神経的な絵」とは対照的、気持ちを和ませる「副交感神経的な絵」です。

脚つきの家具は、掃除しやすい

マメに掃除しても
ホコリは出てくる

わが家の家具という家具は、すべて脚がついたものが基本。ベッドも同じ。ベッド下に収納の引き出しがあるタイプは使いません。じつは私も昔、買ったことがありますが、引き出しに収まったごみの上で寝ているんだと思ったら、なんだか息苦しくて。脚つきの家具は、床との間をふさいでしまうことなく「気」が循環します。

今、私が使っているのは、石川県の生活アート工房の畳ベッド。しっかりしたくるみの無垢材で、ベッドのサイドボードや書斎の机や棚と共に発注しました。

脚つき家具の最大のメリットは、掃除がしやすいこと。寝室は、毎日掃除していても、ホコリがたまります。わずかな家具とモノが点在する空間ですが、信じられないほどのホコリの量。ですからモノが溢れたお宅は、どれだけホコリがたまっているのだろうと思います。

もともと掃除が好きではない私が、いそいそと「掃く・拭く・磨く」をするようになったのは、断捨離に励むようになってから。モノを減らすと、今までモノの陰に潜んでいたホコリが姿を現します。何よりホコリが目立つのです。

今、掃き掃除は、お掃除ロボット、ルンバくんが担当。彼が自由に動き回れるよう何も置かれていない床をキープしています。その後、手で拭いて磨いて床はピカピカに。この気持ちよさを味わうと、掃除がどんどんおもしろくなりました。

もう1つ、掃除したくてたまらなくなる条件は、ここが自分の居場所だと心から思えるか。掃除とメンテナンスはモノや人との関係を最適化する力があります。

モノとの関係、空間との関係、人との関係。この3つを同時進行でいい状態へ導いていきます。モノが1つ減っていくたびに、心が軽くなり、面倒だった掃除が少し愉しくなる。すると、きっと前よりも「ここ」を好きになっているはずです。

一体感のある
デスクまわり

書斎のデスクと椅子、左のテレビボードもベッドと同じ生活アート工房のオーダーメイド品。

機能一辺倒
ではない棚

書斎の棚も同じくオーダーメイドで。形や用途は異なっても、脚つき家具で統一感が生まれます。

寝室のタンスには
ティッシュまでしまっています。

安全・安心を旨とするベッドまわりは、
とにかくモノがないことが第一。
ティッシュくらい……と考えがちですが、
モノを置くとまたモノを置きたくなるもの。

ベッドと同じ高さのサイドボード

寝室の家具類は、低い背丈で統一。サイドボードの上には、眠る前に愉しい気分になれる置き物が一点だけ。

ティッシュも引き出しに収納

使用頻度の高いティッシュも出しっぱなしにしません。ベッドからすぐ手に届く引き出しにセット。

ジュエリー類を旅行で持って行くときの小袋

ジュエリーのような腕時計

腕時計はお気に入りアイテム。1〜2万円のものを毎年購入し、約1年で手放します。夏は白、冬はダーク色とベルトを替えて愉しんでいます。

ペルーの遺跡博物館で
買った酒器

片方だけになったイヤリングたちが入っています。

お香

アクセサリーは引き出し1つ分

サイドボード左上の引き出しが私のジュエリーボックス。タイ語の新聞が湿気とりとして引き出しの中のモノを守ります。

細々とした身のまわり品はここ

ティッシュの引き出しの横には、耳かき、綿棒、爪切り、ポケットティッシュなどを収めた引き出し。

アクセサリーとは長いおつきあい

ジュエリーボックスは不要。
引き出しをそのまま使う

たんすの引き出し1つ分が、わが家のアクセサリーの居場所。ジュエリーボックスなんてたいそうなものはありません。

引き出しは、「俯瞰」にぴったり。俯瞰すると、よく使うモノ、全く使っていないモノが明らかになり、「もっと断捨離しよう」という意欲がかき立てられます。そしておのずとアクセサリーの数も絞りこまれてきます。

引き出しの中で、アクセサリーはそれぞれ十分な「間」を持って置かれています。保管というより、さながらディスプレイ。1点1点がゆったりとして心地よさそう。ネックレスのチェーンがからまり合って「いざ使いたい時にとり出せない!?」なんてことにはなりません。「俯瞰＝ディスプレイ」のおかげで、「大事に使おう」という気持ちが芽生えます。

この引き出しには、湿気とりにディスプレイを兼ねて、タイ語の新聞を敷いています。タイに旅行した時、飛行機でもらった新聞です。日本の新聞だと生活感があるし、英字新聞もちょっとありきたり。タイ語やアラビア語の新聞は、読めないところがおもしろい。引き出しに異国の風が吹き抜けます。

さて、アクセサリーでいちばん好きなのはイヤリング。ほかのアクセサリーにはさほど興味がなく、イヤリングとのペアでネックレスをする程度です。そんなイヤリング＆ネックレスのペアは現在、3セット。ビビットな仕事服に合うシンプルなデザインが好みです。気づいたら同じペアばかりを身につけていて、時々、真珠のペアに入れ替わるくらい。指輪はほとんどつけません。指や腕は自由にしていたいのです。

洋服はひと月サイクルでどんどん循環すると書きましたが、アクセサリーとのつきあい方はどうやら正反対。壊れるまで、飽きるまで、なくすまで、延々と使いつづけます。数年、数十年のおつきあいですね。

美しいランチョンマットを敷いて

からまりやすいネックレスもこうしてゆったりと収めればよし。湿気とりの新聞の上に敷いたランチョンマットが1点1点を引き立てます。

シーツは3日に一度、洗濯する

ふとんの買い替えは、
3年に一度が理想

ふとんには毎日、体のアカや汗、そしてダニやホコリがたまっていきます。寝る時、私たちの体はふとんと密着し、まるで一体になっているかのよう。だからふとんを替えると、シャワーを浴びた後のように気分がすがすがしいのです。

シーツは3日に一度の頻度で洗います。シーツを買い替えるのは半年に一度。敷きぶとんや掛けぶとんは長いスパンになりますが、理想は3年に一度は替えたいところ。

現在使っているシーツは2種類。1枚は白いレース地のラブリーなもの、もう1枚は同じく白のエレガントなもの。雰囲気の異なる2つを常に入れ替えながら使い、その季節が終わったら「ありがとう」と手放します。そんなサイクルですから、シーツやふとんカバー、枕カバーは値段の高いものは買いません。シングルサイズのシーツはニトリで1000円しないくらいです。

先にも登場した身体研究家の三枝龍生先生は、引っ越しや転職や離婚などの「転地療法」つまり環境を変えることは、病気を治す秘訣とおっしゃっています。ふとんを替えることも、引っ越しに代わる「転地療法」の1つ。それだけで気分が一新されます。ふとんを替えるのが大変ならシーツを洗うだけでOK。この感覚は私も体験的に知っていましたが、先生のお話を聞いてより意識するようになりました。

ところで、お客さま用のふとんは持ちません。ふとんは収納場所をとり、管理にも手間がかかります。いざ使おうとすると湿気て使いものにならないということも。田舎の大きな家で天井裏から30組のふとんが出てきたなんて話を聞きます。ふとんのために、その下に暮らしているといってもいいですね。今わが家にお客さまが泊まることもなくなりましたが、あったとしてもレンタルで十分だと思います。

いつも清潔なベッド

3日に一度は洗濯し、半年に一度は買い替えたいシーツやカバー類は、良質でリーズナブルなニトリの製品を愛用しています。

第4章「住」空間

リビングにソファは置かない

日本人の暮らしに合わない
ザ・大型家具

リビングに鎮座しているソファ。日本の狭い家には、はっきり申し上げて邪魔です。ソファはもともと広い空間に置かれてこそ映えるもの。ソファの性質を生かすには、よほど大きい空間でなければなりません。ホテルのロビーほどのリビングがあるお宅ならどうぞ、と言いたい。ソファは壁にペタなんてやるものではないのです。

外国から入ってきて歴史の浅いソファを日本人は使いこなせていません。ではソファをどう使っているかというと、ソファから床におりてソファを背もたれにする。ソファの上にあるのは、とりこんだ洗濯ものか雑誌か、脱ぎ捨てた服か。ドキッとした人も多いのではないでしょうか。

こんなお宅にお邪魔したことがあります。ひと続きになったリビングダイニングに小上がりの4畳半の畳スペースがあるお宅。窓に面したリビングには、L字のソファが空間いっぱいに置いてありました。

ソファのないリビング

引っ越しするとソファを買いたくなりますが(私も失敗ずみ)、ちょっと待って。ソファのない部屋は、なんと広々ゆとりのあること。椅子を点在させればオブジェになります。

朝10時過ぎにお邪魔したにもかかわらず、リビングの窓の黒いブラインドが閉じてあります。部屋が暗いため「なぜ開けないのですか」と聞くと、「ブラインドを開けるにはソファを乗りこえていなかきゃいけない」とのこと。

さっそく私はソファを乗りこえ、ブラインドを開けます。部屋を明るくして見えてきたものは、窓際で枯れていた背丈ほどの大きな観葉植物。「いつから枯れていたんですか」と聞くと、なんと5年前。

畳スペースには、空間に似つかわしくないピアノがあります。リビングにソファがなければ、ピアノはリビングに置けるはず。そもそも畳スペースは座ったり寝ころんだりできるところ。そのすぐ横にソファが必要でしょうか。ソファの上には例によって洗濯ものが。ソファじたいは上等な革ですが、古くて擦り切れていました。

この家にどういうことが起きているのでしょう。じつは、ご主人は20年前に出て行き、離婚していました。よって部屋は20年前のまま。明るくしてしまうと、その現実を見てしまう、できれば見たくない、というわけです。

息子さんは2階にいたのですが、部屋はぐちゃぐちゃ。でも1階には下りてきません。家具が空間に似合わないほど大きすぎた不幸——。まさにソファが人生を狂わせたといって過言ではありません。

窓際にホテルライクなテーブル＆チェア

水平面が見えるほど
部屋は美しい

わがリビングダイニングのまん中には、テーブルが1つ。椅子はなく、ラグを敷いた床に、ポンポンとクッションを置いて座ります。お客さまも皆さんくつろがれ、中にはごろんと寝そべる強者まで。日本人は床でごろごろするのが好きなんだと、つくづく思いましたね。

というわけで、今はダイニングテーブルもなければ（正確にいうと書斎のデスクとして活躍中）、もてあましがちなソファもありません。こうした大型家具は、まず、要・不要をチェックすることから始めてもいいのではないでしょうか。

それで「要」と判断したら、テーブルの水平面に何も置かないことが美しい空間のポイントです。水平面が見えていれば見えているほど豊か、貧しければ貧しいほど水平面が見えない……もちろんお金の話ではありません。

テーブルはモノを置きやすい場所だからこそ、断捨離をスタートさせやすい場所。

ぜひ今日から、水平面をどんどんつくっていきましょう！　何もない水平面が徐々に顔を出す愉しさをぜひ味わってみてください。

さてわがリビングダイニングに話を戻すと、窓際には小さなテーブル&チェアが1セットあります。ホテルの部屋にあるような、ちょっと腰かけてお茶を飲んだり本を読んだりする、あのタイプ。リビングテーブルと同じ種類の、ガラスとスチールパイプのシンプルなデザインです。

とはいえ、このテーブル&チェアで私が何かをすることは皆無。お茶を飲むのは書斎のデスクかリビングテーブルだし、本はベッドに寝っころがって読むのが一番。では、何のために置いているか。ひとえにオブジェだからです。さらに言うと、テーブルも椅子も照明もすべてがオブジェ。インテリアとして絵になるように部屋に置きます。必要がある時は、椅子に座って食事や作業をしますが、基本的にはそこにあることをただ愉しむ。椅子の上に植物を飾るのも愉しいですね。

照明については、欧米で一般的な赤い灯りが近年好まれています。一方、私は白くて煌々とした灯りが好き。明るいところで食事をしたい。ただ睡眠前はトーンダウンしてほの暗い灯りにしたい。灯りは、交感神経、副交感神経にダイレクトに働きかけます。時と場合と気分によって、しっくりくる色や明るさを選択したいですね。

窓辺にくつろぎの間を

テーブル&チェアのセット。スタンドライトは同じスチールの素材で揃えました。小さな緑や外国の置き物を置いて、窓辺に表情を加えます。

緑や花を絶やさない

家が散らかっていると
枯らしやすいってホント？

つい先日、2週間ほど旅行で留守していました。気にかかっていたのは、わが家の観葉植物、アイビー。帰宅すると、案の定、下を向いてうなだれていましたが、水をやるとたちまち復活。猛暑のため部屋はかなり暑かったはずですが、なんと丈夫なのでしょう。アイビーは乾燥にも熱にも強く、共に暮らす仲間としては最高です。

受講生さんがよく言われるのは、「以前はしょっちゅう植物を枯らしていたけれど、断捨離して家がキレイになったら枯らさなくなった」ということ。これは真実で、家の中がクリアになればなるほど、植物の持ちがよくなります。植物の面倒を見る気になったことも理由のひとつでしょうが、私は、部屋の邪気が少なくなったからと考えています。植物が枯れたということは、空中の邪気を吸ってくれたということ。清潔で邪気のない空間なら、植物は枯れようもないのです。

切り花は、命に限りがあるもの。期間限定で、四季の移ろいを愉しむものですから、つくづく切り花を飾れるのは贅沢ですね。お花はくたっとしてきたら茎《くき》を切って小さくしていき、最後は一輪挿しに。最後の最後にお花だけをふんわり水に浮かべてもよし。水を換えれば、切り花も長く持ちます。

細々とお茶のお稽古は続けているのですが、茶道のお花の活け方には感心させられます。じつにシンプルで、たった一輪、どんなお花も床の間で引き立ってしまいます。ですから、ごちゃごちゃの部屋にお茶花は飾れません。

イラストレーターでエッセイストの上大岡トメさんの著書に、「寝室に自分のために花が飾れるようになったら最上位」という言葉がありました。自分が眠るために切り花を飾る。なかなかできることではありません。トイレならお花を飾れるわけです。お客さまのためでもありますから。でも寝室となると……。そこが粋であり、ゆとりであり、本当の贅沢です。そうなれたら本物。私はまだまだでございます！

インテリアを
呼吸させるグリーン

元気と和みを与えてくれる観葉植物。リビングのコーナーやキッチンのコーナー、書斎の一角に緑を置くだけで空間の印象が変わります。

窓の景色にこだわる

「窓にはカーテン」でなくていい

窓は、すなわち額縁。庭園を窓から切りとって眺める日本古来の手法です。窓には通気や採光などいろいろな役目がありますが、機能だけではつまらない。例えば食事も、食べればいいだけではありません。機能にプラスして「色どりを考えて盛る」など演出があること。むしろ演出のほうをより大事に考えます。

25年前に建てた、石川にある「断捨離ハウス」。12年間の義理の両親との同居生活を経て、ようやく手に入れた家族水いらずの家です。この家も、隣接する雑木林の緑が1枚の絵になるよう、窓にポイントを置いて設計しました。雑木林に面したリビングを吹き抜けにして、開口部をできるだけ大きく。窓枠が景色を邪魔しないように、3枚窓のまん中は大きなはめ殺しにしました。

昔は内と外の中間ゾーンとして縁側がありました。内と外が緩やかにつながり、かといって内でも外でもない、そんな場所。日本の家はもともと、内と外のつながりを

窓の外には東京タワー

カーテンよりシェードやロールスクリーンが好みですが、賃貸マンションの備品のため今のところ保留中。窓の外には東京タワーが一望できます。

重視したつくりをしています。だから窓も、内と外を分断せず、内側から見える外の景色や、外とのつながりを愉しむアイテムだという思いが必要でしょう。

北陸・石川はとても雨の多い地域。「断捨離ハウス」は、窓に打ちつける雨だれの様子や雨音を愉しめる家となりました。

マンションを借りる時も窓からの眺望が決め手。東京都心にある現在のマンションは、窓からの緑は望めないので、代わりに空や海の見えるところを選んでいます。新しい家を探す時、間取りばかりを食い入るように見てしまいがち。中には現地に足を運ばず間取りだけで決めてしまう人もいますが、ぜひ五感を働かせ、窓の役割に注目してみてください。

窓とセットで考えられがちのカーテン。私はカーテンの重厚感がどうも苦手。カーテンよりも、ロールスクリーンやシェードやブラインドを好んでつけます。

厚手のカーテンは景色を遮断してしまいますが、シェードは透け感があり外とのつながりを感じさせます。もろに見えるのはつまらないけれど、見えそうで見えないのはそそられる。障子から灯りがぼんやり漏れている、あの感じ。そう、景色は色気なのですから。

おみやげの絵を飾る

壁に飾れば、
置き場所に困らない

リビングルームの壁には2枚の絵があります。どちらも皆さん驚かれるほど大きく、迫ってくるインパクトがあります。私にとって絵は、エネルギーの源。人との出会い、本との出会いと同じ線上に、絵との出会いがあります。

旅先で、現地の人が路上で描いている絵を買うのが好き。その土地でしか手に入らない、たまたま歩いていて気に入った絵。おみやげの置きものは旅先から帰ると置き場所に困るものですが、絵なら壁に飾れて置き場所をとりません。

旅先で買った絵は放置せずに、額に入れて飾ることを心がけています。こうして「出会い」を完結します。このフレーミングの作業はじつに断捨離的。切りとって浮かび上がらせる感覚。額装屋さんにお願いするため、絵より額のほうが値段が高くついてしまうのですが。

リビング東側の一番大きな壁面には、シーサーの布絵があります。これは沖縄の壺屋やちむん通り、シーサーなどの置きものを扱うお店で出会いました。

店内にぺらっと貼ってあった布絵に一目惚れし、お店のおばさんにたずねると、「売りものではない」とのこと。おばさんはこう続けます。「若手のシーサー作家が描いた絵で、シーサーをここに置いてあげる代わりに、目印になるような看板を描いてねって言ったらこれを描いてきた。だから売ることはできないけれど、描いてもらうように頼んであげる」と。

「いくらくらいかしら?」と訊ねたら、「1万円じゃかわいそうよね」と言うので、「じゃあ3万円くらいで描いてくれる?」と言ったら、「それで十分だ」と。後日、ぺらっとした布で作品が送られてきました。

もう1つのリビングの絵は、わが家で唯一、作家さんと呼べる人の作品。シーサーの絵の向かいの壁に立てかけてあります。陶芸家であり画家の佐藤勝彦さんの絵です。佐藤さんの絵には、言葉が添えられているのが特徴。めらめら燃えるような富士山の下には、「不二山壽」の文字。さらに「ふじなる命は寿なり。福なり。吉祥なり。」とつづきます。

佐藤さんの作品を飾るのは、今回で二度目。前回の仏画は眺めるたびに受ける印象が変わり、絵とのつきあい方を考えさせられた作品でした。

沖縄のシーサーの絵

おみやげの絵は額装屋で額装し「出会いを完結」します。黄金色の縁どりが墨絵をいっそうダイナミックに引き立てます。

佐藤勝彦さんの富士山の絵

絵を飾るためには、白い壁が基本。場合によっては、絵を掛けるロープをつけてもらうことも。この佐藤さんの絵は「座布団」を敷いて壁に立てかけました。

第5章「洗」空間

Panasonic
Wash&Dry

バスタオルは使わない

上質なフェイスタオルを自分のために誂える

子どもの頃、わが家にバスタオルはありませんでした。きっと使っているお宅など、ごく少数だったのではないかしら。バスタオルの大きさに慣れてしまうとフェイスタオルが小さく感じるものですが、昔はそれで十分でした。バスタオルはいつの間にか私たちの生活に入りこんでいましたね。

温泉に行く時、皆バスタオルを持っていきますが、私は持っていきません。フェイスタオル1本で体を洗い、固くしぼって体をふく。そう、タオルは万能です。タオルの使い方にルールはありません。

というわけで、私は家でもバスタオルを使いません（お客さま用にあることはあるのですが）。使っているのは、フェイスタオル6枚。大きさも種類も統一した、上質なホテル仕様の白い無地。自分をもてなすために、ぜひここはお金をかけたいところです。タオルがふかふかだと幸せな気分になります。この手ざわりだけでやさしい気持ちが蘇ってくる……とことん肌ざわり重視で選んでいます。

繰り返し洗濯して肌ざわりがごわごわしてきたら、買い替え時。タオルは消耗品ですから、おおよそ1年に一度新調します。

粗品としていただいたタオルをありがたく使うことは、まずありません。粗品のタオルは、あげるか寄付するか。タオルは自分が気に入ったものを自分で誂《あつら》える、これが基本です。

バスタオルと同じく、いつの間にか仕掛けられて家に入りこんでいるモノは、じつはいろいろあります。リンスだ美容液だ、「そういえば、昔はなかったよね」というモノが生活必需品と思わされています。家の随所に置かれたマット類はその代表格。洗濯しようにも洋服と一緒には洗えないし、乾くのも時間がかかる。じつに扱いづらい存在です。

断捨離すると、いかに考えずに必要ないモノを取りこんでいたかがよくわかります。思考停止でいると、モノはどんどん増えるばかり。結果的に、自分に負担を強いて苦しくなっています。メンテナンスがとても追いつかず、そのことに罪悪感を覚えてしまう……。自分で自分をいじめているのと同じです。だって、モノが少ないほうがラクちんですから。

水まわりはディスプレイ感覚で
モノを厳選。

歯ブラシに歯磨き粉、ハンドソープ、ティッシュなど細々と置かれがちの洗面台。モノは引き出しや扉の中に入れてしまえば、掃除もカンタン、スッキリ空間に。

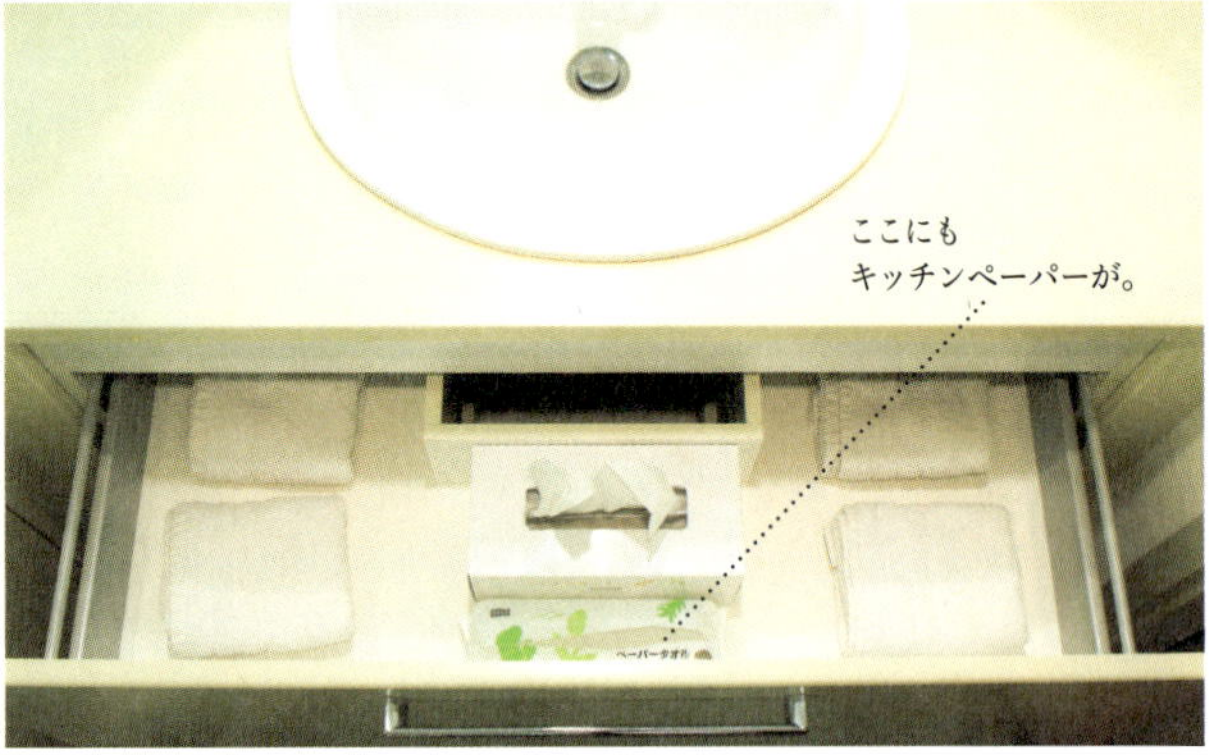

気持ちのいいフェイスタオル

洗面下の引き出し上段には、白で統一した6枚のフェイスタオル。1日に2枚使い、毎日洗濯します。

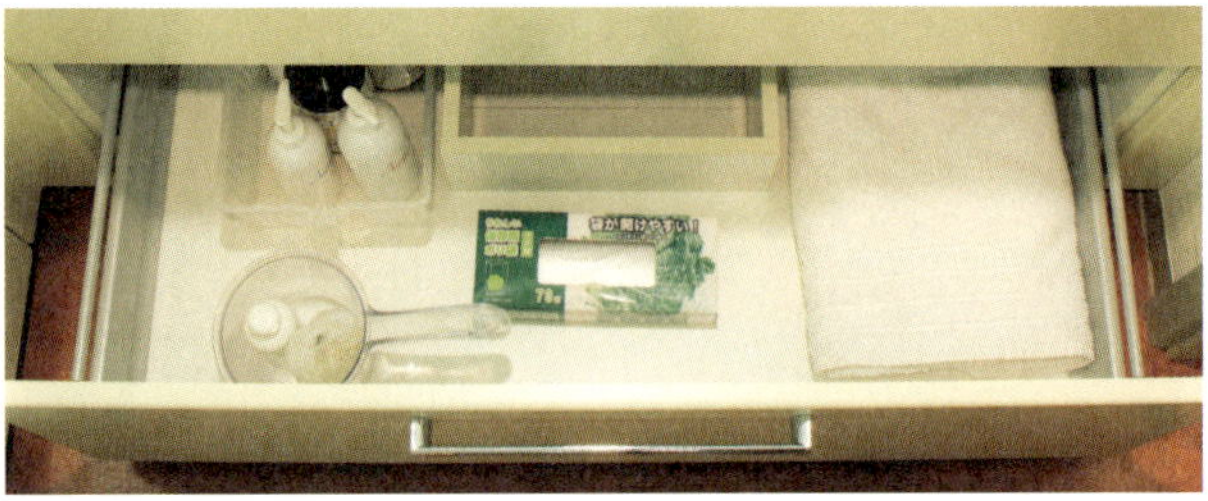

お風呂セットは引き出しで待機

タオルの下の引き出しには、お客さま用バスタオルが1枚とティッシュ、お風呂に持ちこむ手桶のセットがあります。

身だしなみ道具をディスプレイする

三面鏡になった鏡を開けると、メイク・スキンケア道具が美しく並びます。見えないけれど、毎日開けるところ。メイクの気分を盛り上げます。

スキンケアは朝だけ、夜はしない

メイク道具をディスプレイする

　昔はノーメイクで過ごしていた私ですが、ここ数年は人前に出る機会も増え、お化粧するようになってきました。とはいえ、必要のないことを無意識に続けるのはカンベン。スキンケアもメイクも「省けることは省くぞ」のスタイルです。

化粧水、乳液などいわゆるスキンケア用品は、美容に詳しい友達が一式揃えてくれたので、いちおう持っています。スキンケアは朝のみ。まず、泡立てるタイプのマッサージクリームでしばしお顔のマッサージ。クリームを泡立てる際、ネットを使わず、手で泡立てるのがポイントなのだそう。次に、洗顔。その後、化粧水、乳液、美容液を肌にのせるといった手順を教わりましたが、まあしょっちゅうさぼっていますね。

　夜は一切のスキンケアを断捨離。エステティシャンの宮本洋子さんが書かれた『夜だけ美容断食』という本に、「スキンケアは夜しない、朝だけにしましょう」とあり、「これは私向き！」と採用しました。夜は洗顔で汚れを落とす、以上。その後は何もしないし、何も塗りません。寝る時、肌に何ものっていない状態が心地いい。肌がつっぱったりかさついたりということは今のところないので、これからもミニマムなスキンケアでいくつもりです。

化粧品やスキンケア用品は、洗面所の鏡の扉の中に収まっています。開けた時、まるでデパートの化粧品コーナーのように、美しくディスプレイされています。たとえ小瓶でも1つひとつの道具の居場所をつくる。すると残量のチェックもしやすく、「使ったら戻す」がスムーズになります。

こまごまとした化粧品サンプルは1つもナシ。お店で何の気なしにもらってくることが多いものですが、実際に使っていますか。そうでなかったら、「いりません」と入口で断てるようになりたいものです。

ところで、引き出しの奥でみつけた、使いかけの歯磨き粉。あなたならどうしますか。使用中の歯磨き粉が終わった時、必ず出番はやってくるけれど、それはいつ？　半年後？　それまでどこに置いておく？　半年後、使う気になるだろうか？　とあれこれ考えて、ようやくごみ箱へ見送りました。

このような「絶対いつか使うとわかっているモノ」の線引きは難しいですね。「要・適・快」のセンサーの働かせどころです。

シャンプー石けん類は、そのつど持ちこむ

洗面器は必要？　お風呂場にモノがないと掃除がラク

お風呂場に、どんなモノが並んでいますか？　シャンプー、ボディソープといったボトル類をはじめ、バスチェアに洗面器、中には歯みがきセットから脱毛セットまで揃えている人もいます。壁には、使っていないお風呂のふたが立てかけてある。さらにスポンジ、ブラシなどの掃除用具類。形も大きさもさまざまなモノたちを、右に左に移動しながらお風呂掃除するのは、じつに手間がかかります。ボトルはそれじたいヌメりやすいため、ボトル掃除まで追加されます。

そこで私は、お風呂場にモノを一切置かないことにしました。お風呂に入る時、銭湯方式で必要なモノだけを持ちこむ。じつはこの方式、作家の岩崎夏海さんと対談した際に教えていただいたのです。そこで早速、実践。

「銭湯セット」は、小さな手桶にまとめています。ここに洗顔料とシャンプーなどが入っており、リンスを使う時は手で持って。そう、私がお風呂に持ちこむアイテムは

これですべて。洗面器は使いません。

お風呂に入る時はこのワンセットを持ちこみ、終わったらひょいと持って出てくる。これでお風呂上がり、お風呂場にモノが残りません。水平面がスッキリと保たれたお風呂は、毎日の掃除がラク。お風呂を出る時、排水溝の髪の毛をとって、ささっとぬぐったらヌメることもありません。お風呂の後は浴室乾燥機で洗濯ものを乾かすので、お風呂場全体も乾くという流れになっています。

お風呂掃除に使うブラシやたわしは、気づくとカビやアカがこびりついているもの。お風呂をキレイにしたくても、掃除用具が汚れていては仕方ない。ですから掃除用具は、お風呂場には置かず、水を切って洗面所の棚に収納しておきます。

洗濯ものは浴室乾燥機で

ベランダで干せない高層マンションのため、浴室乾燥機を使用。洋服はハンガー干し、シーツやジーンズはポールに直接引っかけて乾かします。

そのつど持ちこむ「銭湯セット」

お風呂に入る時に持ちこむ一式は、透明の手桶にセット。お風呂上りに手桶の水分を拭い、元の引き出しに戻します。

水栓を光らせるだけで、洗面所は見違える

家の中には
ダイヤモンドがいっぱい

千客万来の日。休日を前にして、仕事のお客さまがいっぱい。お客さまがいらっしゃるとなると、一段と掃除に熱が入るものです。

部屋はすでに片づいています。そこからは「掃く」。これはお掃除ロボット、ルンバくんがやってくれます。「拭く」はモップで。それから「磨く」。そう、磨くのはせっせと自分の手でします。トイレを磨き、洗面ボールを磨き、鏡を磨き、やかんを磨き、グラスを磨く。いつもより丹念に。しかも磨き出したら止まりません。

特に、洗面所の水道のカランを光らせると、洗面所全体の印象が変わります。「これでピカピカになる」系の洗剤は使いません。ぼろ布でせっせと磨く。磨けばキレイになります。

それはお客さまをもてなすため？　いいえ、キレイな部屋を見てもらうため？　それともすごいと褒めてもらいたいから？　はい、その答えはどれも「イエス」ではあ

るけれど、ピカピカに磨いているうちにただただ磨いていることそのものがおもしろくなってくるのです。

誰も光るものが好きです。光るものに憧れ、光るものに魅入られます。光り、輝き、きらめく……あらら、家の中にはダイヤモンドがいっぱい！　それに気づくことが、このいたってシンプルな「磨く」作業の醍醐味かもしれませんね。

さて、いつもキラキラしたアクセサリーを身につけた人が、家に帰ると水道のカランがくもっているといったことがあります。

受講生さんのひとりがまさにそう。外では見るからにいい生活をしている、いわゆるセレブ。でも家の中はごちゃごちゃの、いわばスラム。彼女自身、このアンバランスさをなんとかしたい、このままではよくないと思っています。かわいらしい人なのですが、話をしていると、「でも、だって」の口癖が気になります。だからこそ断捨離を始めて、かけ離れた外（見た目）と内（家の中）のバランスをとっているわけですが。

モノの片づけに追われていると、ホコリを「掃く」「拭く」まで来たら、もうだいぶがんばったということになるでしょう。ここで満足して手は止まりがち。ですが、この先にある「磨く」という魅惑の世界を、一緒に愉しもうではありませんか。

見えないところを磨く愉しみ

排水溝をヌメらせない秘密のアイデア

今のマンションに引っ越してきた時のこと。ハウスクリーニングの業者が入って表面上はキレイになっていますが、お風呂のほうから何やら臭う。1ヵ月くらいおかしいなと思っていて、ついに突き止めました。排水溝の奥の奥、野球ボール大の塊を。見えないところをスッキリさせると、本当に気持ちがいいもの。「裏表のない自分」になれる気がします。でもこの時ばかりは申し訳ないけれど、塩素系の化学薬品を使わせてもらいましたが。

排水溝は毎日こすればヌメりません。薬品を使わずメンテナンスできる状態にしておくこと。とりたててヌメり防止の何かをすることは、すでにメンテナンスの頻度が落ちているということです。そこでヌメりと格闘する皆さまへ。高らかに「非ヌメ三原則」を提唱したいと思います。

「ヌメらない。ヌメらせない。ヌメりようがない」

腰が重たい大掃除でも、こんな歌（?）を口ずさめば、ちょっと身軽になる気がしませんか。

ここだけの話、わが家のヌルヌル、ヌメヌメのアカたちには名前がつけてあります。「しがみつきの〇〇子ちゃん」と。じつは〇〇の中には、かつて嫉妬深くて辟易したことがあった女ともだちの名前を入れてあるのです（スミマセン）。

でもこれは、私自身の認めたくない嫉妬心の表れなのかもしれません。

古い歯ブラシでこすり落としながら、

「〇〇子ちゃん、こんなところにしがみついていないで、流れてお行きよ」

なんて語りかけながら作業に勤しむ。

それでもって排水溝がピカピカになれば、私の気持ちもスッキリすることは想像できますよね。いかがでしょう、私の密やかな愉しみ。

お風呂場のみ足ふきマットは存在しますが
使用後すぐに干して清潔に。

お風呂の中に何も置いていません

お風呂上がりに排水溝の髪の毛をとり、水あかチェックをすれば、ゴシゴシ掃除は必要なし。浴室乾燥機を使っているため、カビの心配もなし。

年末の大掃除はしない

「そのつど方式」で
いつでもきれい

大掃除とは自分のためにするものです。掃除された空間は、なにより自分が気持ちいい。同時に、大掃除とは空間やモノのためにするもの。日頃、お世話になっている空間とモノたちに感謝をこめて「掃く・拭く・磨く」。放置された空間と漫然と保管しているモノたちにおわびしながら「掃く・拭く・磨く」。空間とモノたちそのものを、気持ちよく、ごきげんな状態に戻してあげるために。そう、年末の大掃除とは空間とモノたちへの「ありがとう」と「ごめんなさい」なのですね。

でも理想は、年末の大掃除をしないこと。空間やモノに対して、「ごめんなさい」の状況をつくらないことです。

そのためにも、掃除は「そのつど方式」で。

ふだんマメに掃除していれば、大掃除の時に知恵を動員して汚れ落としする必要はありません。使わずに済むはずの化学薬品に頼ることもないのです。

年末に「ごめんなさい」の状況をつくってしまったということは、年がら年中、「見せたくない」「見られたくない」という気持ちを抱えていたことの証。抱えているほどストレスになり、そのストレスは家のあらゆる場所に映し出される悪循環。いっぱい自分に言い訳をしなければなりません。

中には部屋が汚くても、汚いのを見られても平気な人はいます。これは完全な感覚麻痺であり、感性鈍化。こちらのほうが恐ろしい。見栄を張るくらいの気持ちはせめてほしいですね。

そう言っている私にも、大掃除がまったくないわけではありませんでした。それは実家の大掃除。母の家の維持管理は私の役目だったのです。

1階の居間や台所といった公共スペースは断捨離の圧制下、スッキリ空間。思う存分、させてもらいました。問題は2階の母の自室。ここは私の縄張りではないので、ごく控えめに干渉。母の部屋は一見整っていましたが、停滞ゾーン。なにもかもがチーンと収まってじっとしているよう。モノはただ存在するだけで、使われているモノはごくわずかでした。

トイレスリッパはいらない

清潔に保てないトイレマット、便座マット、トイレブラシもＮＧ

わが家のトイレにはスリッパがありません。と言うと、抵抗ある人もきっといるでしょう。でも私は常々、トイレや排泄に対する心のブロックを外したいと願っています。部屋はキレイな場所、トイレは汚い場所とブロックをつくってしまうから、スリッパが必要なのでしょう。

トイレはおもてなしの空間。「食」でもてなすように、トイレでもてなす。人間にとって「食」は入口、トイレ、つまり「排泄」は出口。どちらも滞ってはならないし、疎かにはできません。

ですから、家のトイレは清潔にメンテナンスしておくことが大事。そのために、掃除は「そのつど方式」です。体のメンテナンスと同じくアカがついたらアカを落とす感覚で、トイレの汚れもその場で落とす。見える汚れ、見えない汚れがありますが、見えなくてもニオイは発しています。

「そのつど方式」にそぐわない、トイレマットや便座マットは置きません。トイレを使うたびに洗濯するわけにはいかないこれらをどうやってキレイに保つのでしょう。

さらに私はトイレブラシも持ちません。使い捨てのトイレ用そうじシートで便器も便座も床もどんどん拭きます。1日に何回も拭いています。

さて、買ってきたトイレットペーパーは、袋の梱包を解いて、1個1個にしてストックします。モノを空間に取りこむ際の「最初のひと手間」ですね。これで、トイレットペーパーを使う時、交換するときのアクションカウントが1つ減ります。トイレもキッチンもクローゼットも、断捨離の考え方は一貫しています。

清潔、プラス
和みのある空間

マット類もスリッパもないから「そのつど方式」でメンテナンスしやすいトイレ。プラス、ささやかな緑や香りが「おもてなし」を演出します。

アロマの香りを漂わせる

北海道みやげの、
天然のハッカオイル

トイレには、ミントの香りを漂わせています。同じく清涼感のあるユーカリの香りも好きですね。トイレ芳香剤はどうも安っぽい香りが多いでしょう。

香りもおもてなしのひとつ。トイレが清潔であることは基本ですが、そこに香りや花など、心を潤す何かがあるとうれしいですね。

北海道に旅行すると、天然のミントを抽出したアロマオイルをおみやげに買ってきます。特に気に入っているのは、北見名産の「天然ハッカ油」（985円）。空港にもたくさん売っているのでおみやげ向きです。

アロマオイルの中でも、ハッカは安く手に入り、初心者もなじみやすい香りのひとつ。ドラッグストアに行くと、色気のない瓶でハッカオイルが売っていますが、純粋ないい香りが多いのでぜひ試してみては。

そのミントのオイルをコットンにしみこませ、トイレットペーパーの筒の中に忍ばせておきます。トイレにアロマポットやディフューザーは見当たりませんから、「どこから香るの？」とみんなが探すのがおもしろくて。

アロマオイルはそれぞれの効能を生かして、日頃から使っています。寝室には、安眠へいざなう香り、ラベンダーを。集中力を高めたいときは、書斎にローズマリーを漂わせることも。ミントの香りとブランドしても愉しめます。

アロマオイルのほか、時々お香も登場します。海外旅行に行くと、つい現地のミステリアスな香りに惹かれて買ってきて、気づくと、引き出しにゴロゴロあったりして。思い出してはとり出して、書斎の香皿にのせて焚いています。幻想的なヨガの音楽と一緒にお香を焚くと、原稿の進みがいいから不思議です。

トイレットペーパーに仕掛けを

コットンにアロマオイルをたらし、トイレットペーパーの筒の中に隠します。コロコロするたびにふわっとアロマの香りが。

第6章「学」空間

書斎の机、じつはダイニングテーブル

上には、
パソコン1台とペン立て1つ

仕事机は、広ければ広いほどいいですね。今は、かつてのダイニングテーブルを書斎のデスクとして使っています。大きさにして180センチ×90センチ。仕事を進める時、最も重視するのは、「俯瞰」できること。一般的な学習机では「俯瞰」するには大きさが十分でないし、オフィスデスクではインテリアとしてちょっと味気ない。その点、無垢のくるみ材のこのテーブル、いやデスクは、傷がついても味になる、使えば使うほど愛おしくなります。

ただひとつ困ったことがあります。それは、ダイニングテーブルとセットで購入した椅子。テーブルと同じ無垢の固い木でつくられているため、ずっと座っていたら、なんとお尻に黒あざが……。食事に何時間も座っていることなどないからでしょう。一方の私は、朝起きてから日が暮れるまで、食事も忘れ、座り続けています。「これはかなわん」と慌ててクッションを敷きました。

仕事しやすい広いデスク

生活アート工房(石川県)でオーダーした元ダイニングテーブルのデスク。大きな水平面は、仕事の書類を俯瞰するのにぴったり。

仕事中は、デスクの水平面はモノで散らばります。むしろ、あえて散らばせます。書類から資料の本からめいっぱいに広げて眺める。これが「俯瞰」のスタイル。こうすることで必要書類をワンタッチで手にとれるのと同時に、頭の整理をすることができます。

そして仕事が終わると、元通りに棚へ引き出しへとしまいます。デスクには、パナソニックのノートパソコン「レッツノート」とペン立てのみがキープされます。次の日、同じ仕事に取りかかるから……と散らかった状態で寝てしまったこともありますが、基本はしまうことを心がけています。間違ってもプリントを山積みにして置いておくことはありません。これは雪崩を起こすだけ。水平面に何もないデスクと、ごちゃごちゃのデスク、翌朝、どちらが気持ちよく仕事を開始できそうでしょうか？水平面の保たれたデスクへ向かうだけで、新たなアイデアが降りてきそうです。

さて、書斎のデスクの上の壁には、花文字が飾ってあります。これはアメリカ・シアトルの路店で買ったもので、アーティストは韓国の方。その場で待つこと数分、「DANSHARI HIDEKO」（だんしゃり ひでこ）と描いてもらいました。

持ち帰った2枚の紙を1つの額にまとめると、素敵な1枚の絵に。仕事中、顔を上げれば美しい花文字たちが応援してくれるようです。

ペン立てに、ペンは3本

オブジェとしても
愉しいペン立てを

書斎のデスクの上は、パソコンとペン立てが置いてあります。ペンはいつでもワンタッチでとりたいので、引き出しにはしまいません。

ペン立てというと、ペンが隙間なくぎっしり突き刺さっているのが常ですが、ここにあるペンは大活躍の3本だけ。

プラス、修正ペンとハサミと定規。これですべてです。ペンのストックは、ほかの文房具ストックと一緒に引き出しにあります。

では、愛しき3本のペンをご紹介しましょう。

1本目は黒い筆タッチサインペン。シグノのブルーブラックのペンを愛用していた時期もありますが、最近はサインペンの書きやすさにハマってしまいました。筆のペン先が紙をなめらかに滑っていく、降ってきた言葉がすらすら文字にできる、そんな感覚が気に入っています。

ペン立てはマグカップ

ペン立ても見ていて愉しいモノ、心が和むモノを選びます。変化がほしくなったら別のマグカップに交替。ペン立てじたいがデスクのオブジェです。

2本目は、フリクションボールの3色ペン。手帳にスケジュールを書きこむ時、この3色を使い分けています。このボールペンの強みはキレイに消せるところ。スケジュールは変更することもたびたびですから、じつに重宝します。

3本目は、蛍光マーカー、テキストサーファーゲル。クレヨンのような珍しい柔らかな書き味が特長です。以前は一般的な蛍光ペンを持っていましたが、飛行機で使おうとした際、気圧の関係でインクが漏れ出てしまったのです。その点、このテキストサーファーゲルなら手元が不安定な時も、もちろん飛行機でも、ストレスなく線を引けます。

マーカーは、本を読む時にポイントとなる箇所にどんどん引いていきます。よって手元の本は、真っ黒ならぬ真っ黄色。また思考整理ノート（168ページ）に筆タッチサインペンで図解した際にも「ここは特に重要」と思ったらマーカーの出番です。

仕事は「3つの山」で管理

ぐちゃぐちゃになった頭を
スッキリさせる方法

仕事の基本は3分類。「断・捨・離」が3つの言葉から成っているように、何でも3つに分けて物事を考えます。3分類で頭の整理をしているのです。

作業中のデスクの上は、「俯瞰」のために書類を盛大に広げていますが、じつはデスク上でおおまかに3分類しています。まず進行中のものが真ん中に。左右に終わった仕事、これから取りかかるまだ余裕のある仕事というふうに。

デスクの上に限らず、棚に保管する際も、引き出しの中でも3分類。断捨離はきちきちしたルールはなく、山が3つくらいと緩《ゆる》やかに考えます。

進行中の書類は、やがて終わった仕事のスペースに移ります。この時、書類を「残す・残さない」を決める。「残す」書類は終わった仕事スペースに留め、「残さない」書類はすかさずびりびり破ります。「とりあえず置いておこう」はナシ。常に作業に流れがあるようにします。

過去から未来までの書類を、収納グッズで見事に分類してみせる人もいますが、私はとてもとてもできません。収納すると忘れてしまうのです。収納は忘却。ですから、本当に保存版と思うものしか手元に残しません。私が残すモノといえば、本づくりの過程では、完成形の本のみ。途中の原稿は「がんばったから」などと記念的に残してはおきません。

私がこうして3分類し、絶えず断捨離している理由は、ひとえに頭の中がぐちゃぐちゃになりやすいから。常にぐちゃぐちゃと考えていて、これ以上、事態をぐちゃぐちゃにしたくないが故に、せっせとモノを減らしているようなもの。整理能力が高いタイプでは決してないのです。

仕事もまさしく同時進行で、あっちに手をつけ、こっちに手をつけ……。1つひとつ積み上げてこなしていくタイプではありません。その気にならないと絶対に手をつけないし、その気になるまでウロウロ、オロオロ。テスト前日に引き出しの整頓を始める学生のように、あっちを拭いてみたり、こっちを磨いてみたりしています。

締め切りギリギリ追い詰められないと何もしないタイプ？　いえいえ、追いつめられると能力を発揮するタイプといっておきましょう。

文房具のストックは一元管理

時々、文房具屋で
新作アイテムと出会う

1つの引き出しを開けると、ありとあらゆる文房具のストックが仲良く収まっています。文房具のストックは、こうして一元管理。いわゆる収納術のように、仕切りをつくってラベルを貼って、とアイテム別に分類することはありません。

細かい分類を試してみたことはありますが、ついに断念しました。

断捨離は、細かい分類をしなくても済むシステムづくりをすること。引き出しの中を「俯瞰」できるようにすれば、管理もラクです。

では、文房具のストックをアイテムごとに数えてみましょう。ボールペンは1本、サインペン3本、マーカー1本、マジックペン2本、クリップ大小3つずつ、鉛筆1本、消しゴム1個、シャープペンシル1本、芯1箱、インク3本。付箋5セット、のり1本、セロテープ1つ、ホッチキス1個、その芯1箱。

ストックの数じたいを厳選しています。ストックが切れたら困らないかって？　いいえ、引き出しを一覧できるので、ストック自身が「もうすぐ切れるサイン」を送ってくれます。切れたとしても今の時代、コンビニに駆けこむこともできますからね。永遠に出番の来ない死蔵ストックは、ここにはありません。

これら文房具は、文房具屋さんで買うと決めています。文房具屋さんは、本屋さんと同じくらい愉しい、知的好奇心をくすぐるワンダーランド。最新式の文房具など、思わぬアイテムとの出会いも待っています。本の購入はネット書店が中心、時に食器もネットで買ってしまう私ですが、文房具は足を使って買いに行きます。ネットだとつい大量買い、まとめ買いをしてしまいますから。はい、もちろん失敗から学んだわけですが。

とはいえ、このストックの引き出しも、時々「断捨離」が必要になります。引き出しは、ついモノを目につかなくしてしまいがちな閉鎖空間。こまごまとしたモノが盲点になって堆積しやすいスペースです。

すると、やっぱり出てきた、粗品のボールペン。せっかくいただいたからと書き味の悪さも見ないふりして使っていたりするものです。いい加減、この粗品文化こそ断捨離すべきではないかしら。

テレビ台の下に文房具をまとめて管理。

テレビボードはリビングに置きません。
色のないオーディオ家電の合間には、心やすらぐ緑を。
引き出しには文房具のストックが
すっきり収まっています。

インテリアのようなオーディオ家電

デザイン重視で選んだテレビとCDプレーヤー。その下にDVDプレーヤーとポータブルCDプレーヤー。書斎の小さなオーディオコーナーです。

文房具のストックは一元管理

文房具のストックは引き出しひとつに集合。何がいくつあるかは一目瞭然。アイテムごとに数量規制し、「とりあえず」品は時々断捨離して。

ペルーで拾ってきた砂漠の石。
パワーストーンです。

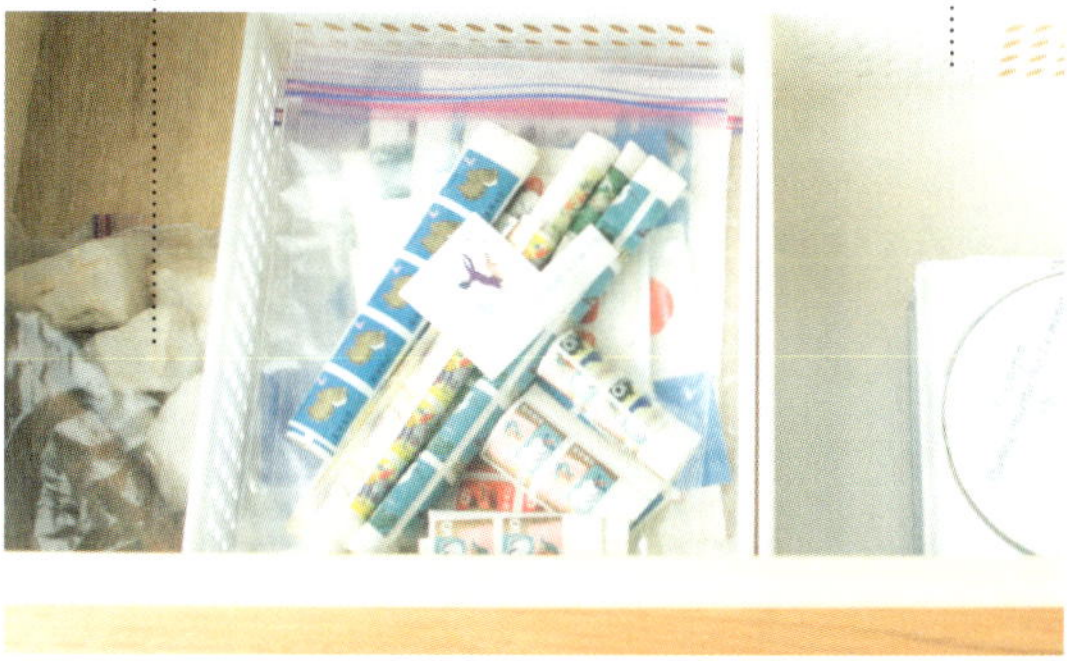

色とりどりの切手コレクション

テレビボード下の引き出しには、「使ってこそ」と夫からもらってきた切手コレクション。死蔵ストックはありません。

あまった切手はおすそ分け

負担にならない
こんな言葉を添えて

かつては、日本のどこにでも見られただろう温かな営み、おすそ分け。プレゼントやギフトとは違い、家にないモノをわざわざ買ってあげるのではありません。自分の手持ちのモノも減りません。過剰にもらっちゃって困っているから、みんなで分けましょうという感覚。だから私は、食べものはもちろん、洋服も食器も本も、思い立ったら即、おすそ分けしています。

「モノは使ってもらえるところに」。これは断捨離の基本。モノの保存・保管に価値を見出していません。あまったら次の人に持っていくとモノの循環が働きます。いつまでも漫然とモノが家にある状態は耐えられません。むしろ、もらってもらうと清々する！　私のモノの処分を手伝ってくれてありがとうという気持ちです。

例えば、夫が長年かけて収集した大量の切手。夫は熱心なコレクターではないけれど、男の人は誰でも彼でも切手集めした時代だったのでしょう。私がひとり暮らしをする際、「引き出しで眠っていてはもったいない」と一式もらってきました。とはいえ、私もマメに手紙を書くほうではないので使いきれません。そこで、絵手紙を描く知人にまとまった数を差しあげると、たいそう喜ばれました。絵手紙は、絵に合った切手を貼るとセンスが光るものです。

また、買いすぎてしまったおみやげのお菓子。たまたま家に来ていた電気工事の人に、「たくさんあって困っているから持って帰ってもらったほうがありがたいんです」という形で手渡す。おすそ分けする時に添える言葉も大事ですね。相手が負担にならない言葉を添える。「これ、あげる」ではなんだか押しつけがましい。相手は「あんたのいらないモン、私もいらないわ」となってしまいます。

おすそ分けをする側は、「相手もあまっているんじゃないか」とつい考えがち。またおすそ分けされる側は、「もらったら返さなきゃ」とこれまた考えがち。つい、つまらない人間関係が働いてしまいます。

けれど、小さなおすそ分けをライフスタイルにする人が増えれば、もっと軽やかな人間関係が生まれるのではないでしょうか。

「ごめん、あまっちゃっているから持っていって」

こんなやりとりが日頃からできたら素敵です。

紙類は「入口」で断つ

捨てて困ったこと、
本当にありますか？

手紙、領収証、広告、取扱い説明書、各種プリント……家じゅうにひしめく紙のモノたちは、簡単には捨てさせてくれません。というのも、

書類……がんばって仕事とかかわってきた私
資料……いっぱいの情報とかかわってきた私
書籍……たくさんの知識とかかわってきた私

これら社会的な承認欲求をそれなりに満たしてくれる証拠品ともいえるモノだから。これらの「要・不要」を問うことはなかなかハードルが高いものです。でも不要なモノは不要。紙の山を前にして、あれこれ悩んでいる時間がもったいないですね。

だから、捨てるタイミングは「そのつど」。紙類は油断するとたまっていくので、入口、あるいは入口付近で断ちます。私は玄関で、「ここから中には入れないぞ」と

いう意志で捨てています。シュレッダーも使わず、手でびりびり破っています。「あとで見よう」とか「大事なことが書いてあるかも」とは考えません。大事なことが書いてあってもいいじゃない！　とわりきって。実際に捨てて困ったことがないわけではないと思いますが、記憶にないのだから大したことなかったのでしょう。何か問題があっても電話一本で済みます。

家電などの取扱い説明書も、箱を開けたらその場で捨てます。よほど操作がむずかしい場合はとって……おきません。パソコンの取扱い説明書があっても私は読まない、読めない。パソコンに詳しい人に聞くのが一番です。

こうしたトリセツの類は、すでに家電本体が家に存在しないのに出てきたりしませんか。そもそも、ドライヤーなどトリセツが必要のない機器も。これらを勇気を出して捨てます。機器が壊れても、それはすべて事故と思うようにしています。保証書がないために保証してもらえないということはありません。

賃貸マンションにありがちなのが入居案内書。代々の住人のそれが棚に残っています。自分のモノじゃないからと誰も処分せず、そして自分も残して出ていってしまう。そんなこと許してはならん！　と私は、前の住人までの3冊の入居案内書をさっぱり断捨離しました。

デスク右横の棚の上部は
ディスプレイも兼ねて5割収納に。

ガラス扉のついた棚の上段は、ディスプレイ、そして仕事の書類のスペース。
下の引き出しは、お金に関するモノや名刺や印鑑などの
貴重品のスペースです。

「針山と糸のみ」の
コンパクトな
裁縫道具。
思いついたときに
すぐできる。

小銭の山　名刺類　レシート類はここに

お金を管理する引き出し

棚の一段目の引き出しは、経理関係のスペース。レシート・領収証の箱には、電卓も一緒に保管。小さな箱には小銭が集合。ほかに、名刺の箱、印鑑などがあります。

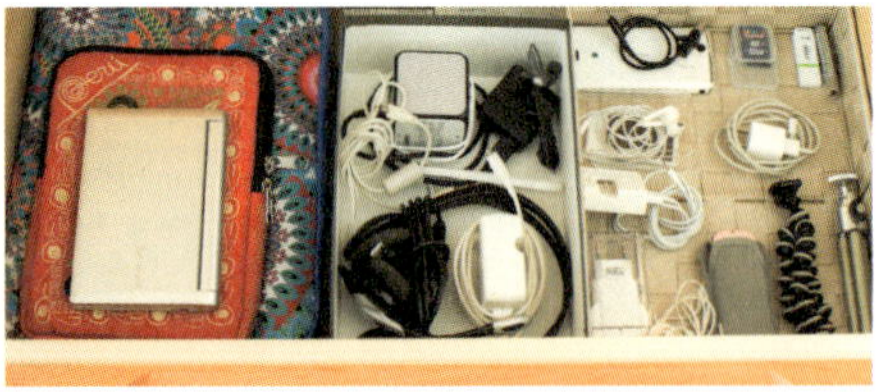

時々持ち歩くモノたち

カメラやヘッドホン、ポータブルプレーヤーなど時々持ち歩く機器がこの引き出しに。いずれの引き出しも、新聞紙を敷いて湿気対策。

出番が一番少ない
モノたち

パスポート、通帳などはここに。

保管する時も「仕事の山は3つ」

仕事関係の書類は、ガラス扉の中に。保管する際も、「仕事の山は3つ」を適用。終わった書類はどんどん捨てていくため、棚に器を飾るゆとりも生まれました。

山1
山2
山3
保留中の仕事。「まだ時間はある」。
終わった仕事、「残す・残さない」を考え中のカゴがあります。
現在進行中の仕事で「スグとりかからなければならない！」。

いただいたハガキや名刺の行方

「とりあえずとっておく」はNG

いただいた年賀状やお礼状、挨拶状の類は、気持ちがこもっている分、処分しづらいとの声をよく聞きます。数年間、せめて1年間は保管しておいたほうがいいと考える人も多いようです。私の場合は？　はい、早めに処分させてもらっています、申し訳ないけれど。文面を読んで気持ちを受けとったら、ハガキの役目はおしまい。紙系は本当にたまりやすいので、「断つぞ！」という意志を持たないと大変なことになりますから。

いただいた名刺もとっておきません。「もらった名刺は捨てられない」と言うけれど、なぜでしょう。個人情報が書いてあるから？　プライバシーがわからないように破るなりシュレッダーにかけるなりして捨てれば問題ないはずです。

今はいただいた名刺を事務所の人にデータ管理してもらっていますが、担当者に渡す名刺の数はあらかじめ絞ります。ただ名刺交換しただけ、という人がいくらでもいるでしょう。こういうものは迷わず処分します。

そもそも私は、名刺に価値を見出していません。名刺交換は、その時の挨拶。消えていく言葉と同じです。挨拶の言葉に親切に文字がくっついているだけ。名刺を配って人間関係が構築できるなんて微塵も思っていません。なにせ私がそういうタイプなので、自分の名刺が捨てられることは、やぶさかではありません。

こうして手元に残った名刺は、書斎の棚の引き出しに保管しています。その隣には自分の名刺。「やましたひでこ」の名前は、尊敬する書の先生に太陽のイメージで書いていただきました。

やましたひでこの名刺

住所も電話番号もメールアドレスもない、正真正銘、名前だけの名刺。持っているだけで、もちろんお渡しする時も、気分が上がる図柄にしていただきました。

年賀状、やめました

こんな後ろめたさを
「断捨離」しよう

暮れに年賀状を書く習慣を「断つ」こと数年。不義理や無沙汰の後ろめたさと引きかえに、年末の時間と気持ちのゆとりを選択したのです。

最初の年こそ、お返事だけは出そうと取りかかりましたが、あまりの数にそれも挫折。翌年からは、「いただこうが、いただかまいが、出さん！」と年賀状そのものを断捨離。ずいぶん気がラクになりました。長年の慣習から離れるのは、それなりに逡巡がありましたが、今は年賀状に対するかつてのプレッシャーはありません。

そんな私に年賀状をくださる律儀な人もいますが、それはそれでありがたいこと。心からの挨拶はうれしいものです。ただ、年賀状には「みんなが出すから、出しておかないと」という側面があるのも事実。結局、出さないことに後ろめたさを感じているだけなのです。むしろ出すことでかえって逆効果になっている場合もあります。

例えば、印刷のみで一言もコメントがない年賀状。ぺらっと機械的に出すのなら、出さないほうがずっとマシ。出すなら一言はほしいですね。

ご一緒した方から、後にお礼状をいただくこともあります。とてもありがたいのですが、手書きの手紙などをもらうと、「返事を出さなきゃ」という重たさを感じてしまう。私のほうから出すとしても、「この人、返事とか気を遣うだろうな」と、まずそちらを考えてしまいます。

ポリシーとしては、お礼状が来なかったとか挨拶がなかったことに対してとやかく言わない自分でいようと思っています。自分が「出さない」タイプだから。「やってあげました、だったらお返しがあってあたりまえ」という気持ちがイヤなのです。

私が結婚して長年住んだ石川もそうですが、地方はやはり大変です。義理の母がそんな慣習に振り回されている姿をずっと傍《かたわら》で見ていました。彼女の口グセは、「お祝いをあげないとイヤや」というもの。自分がちゃんとしていると思われたい、人にこう思われたいというのが基準だったようです。

伝統や慣習は大切ではありますが、必要以上に自分の首を絞めてしまわないようにしたいなと思っています。

書斎の奥の
クローゼットも⊓の形。
本棚を丸ごと
収めています。
ルンバくんも。

寝室のクローゼットが洋服中心なのに対して、
書斎のクローゼットは本とバッグが中心。
クローゼットの扉は閉めず、
人も空気も出入り自由です。

毎回使う仕事関係の
セミナー資料。
出番の少ない
プリンターもここに
収まっています。

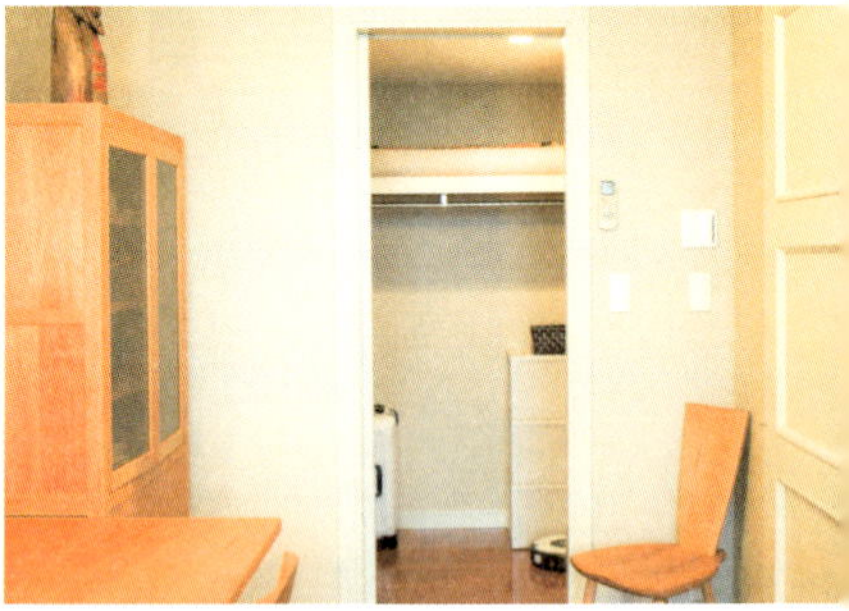

書斎のクローゼット

書斎のクローゼットは、右手に本棚、左手にバッグ類。正面には何も置かず、デスクから眺めるとモノがなく、まるでもう1つ部屋があるかのよう。

本棚もクローゼット内に

クローゼットの右手には本棚があります。計200冊の本は、分類、選択、厳選されて見送る本、新しく加わる本と常に入れ替わっています。

バッグは
吊り下げて収納

クローゼット左手にはバッグ類。ゆったり吊り下げておくと、とり出しやすく、型崩れなし。東南アジアや南米のマーケットで一目惚れしたカラフルなバッグが中心です。

ココだけは触れないで…。
絵と書のお稽古グッズ。
なかなか行けないので、
“魔窟《まくつ》”と化しています。

バッグの中身を入れる
カゴはココに。

コンセントが
あるので便利です

本棚の中段にはプリンター、足元にはルンバが充電中。クローゼット内に電源があると活用法が広がります。バッグの中身を一覧するカゴもここで待機。

捨てる本、手元に残す本

「本は所有して使い倒す」がやました流

本は凄まじい頻度で買っています。だいたい週2～3冊のペース。資料としての書物にせよ、ベッドに寝っころがって読む小説にせよ、借りることはせず、必ず自分の所有物にします。図書館で本を予約したら「何百人待ち」ということもありますよね。図書館は手に入れるのが難しい昔の本や資料を借りに行くところ。ベストセラーなんぞ借りるところではないと思っています。

ただ残念ながら、最近は本屋さんになかなか足を運べていません。ほぼネットショッピングになってしまいました。ちょっと切ないですね。本屋さんは大好きで、いっぱい長居して、余計な本を買うのも愉しい。反対にネット書店は求めた本がすぐに届きます。長所はそれぞれなので、両方のよさを享受していきたいと思います。

今、手元にある本はおよそ200冊。総量は変わらず、入ってきた本、出て行く本と常時中身が入れ替わっています。では、捨てる本と手元に残す本をどう区別するか。

手元に残す本は、徹底的に読んで、真っ黒になった本です。付箋を貼るのも面倒なのでページの端を折りまくり、マーカーで線を引きまくった、そんな本は残ります。本は汚くなるまで使い倒すのが私の方法。だからもし借りた本だったら弁償しなくてはなりません。

本というのは、食べ物と同じ。ひと口食べて、「あれ？」と思ったものは最後まで食べないし、おいしいと思ったら一気に読みます。そのときの自分の舌や体調なども影響します。だから、読みきれない本があるのは当然。その本に一行でも自分の心に刺さる言葉があれば、それでよし。

ひと口食べて十分だった本は、定期的に処分します。もともとリサイクルショップを使っていましたが、面倒くさくなって資源ごみに出していた時期もありました。でもそれは、本づくりに携わる者としてはＮＧ行為。本は、次の読み手に渡っていくのが幸せだと思います。

だから本を人にあげることも多いですね。たいていの本は汚くて渡せる状態にないのですが、それを伝えた上でまあ問題なさそうな本はもらってもらいます。中には、「やましたさんが線を引いた本がほしい」というもの好きも。黄色のマーカーが引いてあるため要点がわかりやすいのだそうです。

バッグは毎晩、呼吸させる

カゴに「中身」をすべて出して
1日をふりかえる

アメリカ西海岸の郊外のアウトレットモール。ぶらりと立ち寄った私は、そのラインナップにすっかり夢中になってしまいました。日本では考えられないほどの掘り出し物の数々。目線の先には、定価の7割引きの値札がついているコーチのバッグ。ほかの観光客と競うようにして（そして勝利し）、私の手元にやってきたのでした。

パッと目にとまるデザインが多いので、お店の店員さんに「かわいいですね」とよく声をかけられます。そう、バッグは格好のコミュニケーションツールです。

今、クローゼットに並んでいるのは、A4サイズの書類がすっぽり入る大きめのバッグが5つ。それと、旅行用スーツケースが大小1つずつ。バッグ好きにしては、数が少ないかしら。家に50個も100個も抱えこんでいる人はけっこういますからね。

バッグは気がつくと増殖してくるので、傷まないうちに手放すことにしています。手放す方法は、ともかく人にもらってもらうこと。手元にあるバッグも「いずれ○

○ちゃんに」と嫁ぎ先を思い描いています。

バッグの中身は日にもよりますが、スマートフォン、お財布、はんこ、カギ、カードケース、めがね、スケジュール帳、A5サイズの思考整理ノート、ペンケース、そして小物入れのポーチです。このポーチには、ハンカチ、ティッシュ、リップクリーム、くしが入っています。化粧品はリップクリームのみ。昔はファンデーションを持ち歩いていましたが、ある時、「私ってまったく化粧直ししないんだ！」という事実に気づき……ファンデーションは断捨離。ポーチの小ポケットはごみ入れにもなり、こまごましたものをコンパクトにまとめてくれます。

毎日、帰宅したら、バッグの中身をすべてカゴに出します。バッグは1日持っているだけで、ごみためも同然。たとえ次の日に同じバッグを持つつもりでも、いったんリセット。こうするとバッグの中身を「俯瞰」できるようになります。俯瞰すると、持ちものの総点検ができます。バッグ内で持ちものが迷子になることもないし、使いかけの文具を補充することもできる。もう必要ないモノを持ち歩かずにすみます。

からっぽになったバッグは、「1日おつかれさま」と休ませ、呼吸させます。すると新しい「気」が補填されて、バッグが生き返る気がしませんか。

バッグの中身は ごっそり 毎晩とり出して カゴへ

今日はこれだけのモノを持ち歩いたのね、
と毎晩俯瞰しています。
バッグの底にたまりやすいゴミもスッキリ。
翌日、新たな気分で出掛けられます。

収まりました！
バッグの中身一式をカゴに収めるとこの通り。翌日、必要のないアイテムはこのカゴには収まりません。カゴはクローゼットへ。

並べてみたらこんな感じ

左上から横に、名刺入れ、カード入れ（suicaが入っています）、ペンケース、
2段目は印鑑、メガネケース、ポーチ、3段目はお財布、スマートフォン、家のカギ。
そして右は、これらを収めて俯瞰するカゴ。

中にはハンカチ、ちりがみ、くし、
リップクリーム（私は口紅は塗りません）
の4点のみ。

お財布は、お金の家

フルオープンで
俯瞰できることが条件

お店でお会計をしていると、「そのお財布、どこで買ったんですか」なんて店員さんと話題になることがあります。私のお財布は、年々派手になっていますからね。そう、お財布は毎年買い替えています。

年末年始のせわしない気分を過ぎた頃、1年の節目である節分までに、新しいお財布を買います。ラッキーや幸運という言葉はいじましくて好きではないのですが、お財布で縁起かつぎをしているわけです。キラキラ、いやギラギラした気合いの入ったお財布を持っていると、なんだかお金がある！　という気がしませんか。さらに、そのお財布をキレイに使って、「金運がよくなるお財布だよ」と友達にあげるのも好きです。年々エスカレートしているなとは、自分でも思います。

お財布を買う時の絶対条件は、フルオープンであること。「俯瞰」できることです。

1日の終わりに、お財布の中身を俯瞰します。レシートはもらわないようにしていますが、経費精算に必要な数枚は入っているので、それらを整頓します。

ポイントカードの類は一切つくらないし、クーポン券は一切もらいません。これはちょっとしたお得感がほしいという気持ちの表れ。カードの最後までポイントがたまることなんてめったにないし、おまけのマグカップが心底ほしいわけでもありません。

ほか、お財布に入っているのは、クレジットカード2枚、身分証明にもなる保険証、運転免許証。これで以上です。診察券を、内科、耳鼻科、歯科……と何枚も持ち歩いている人はいますが、病院に行くときだけ持っていればOKです。スポーツジムなどの会員証も同じことです。

さて、私の派手なお財布と、友人のお財布がおもしろいほど両極端だったのでご紹介します。

私のお財布は、カラフルなピンク色のエナメル素材。彼女は、シックな茶色の葡萄の蔦の自然素材。家にたとえるならば、私は大手住宅メーカー企画のデザイナーズマンション。友人は、小さな地元工務店による在来工法の伝統的町家。

新築が好きで1年ごとに引っ越す＝買い替える私。年ごとに味わいが増す家に住み続ける＝ずっと使い続ける彼女。そう、嗜好も使い方もまったく違います。でも問題なのは、その家で住人がごきげんに暮らしているかどうか。

お財布＝家

お金＝家の中のモノ

だからお財布を見れば、その人の家の様子が手にとるようにわかる。そして、お財布がどんな状態なのかで、その人のお金との関係も見てとれるのです。お財布の中には、私たちの潜在意識の証拠がいっぱい……つまり私には、お金を派手に使いたいという欲求が潜んでいるのか⁉　そして友人は、堅実なお金の使い方を望んでいるのか⁉

ちなみに彼女は、どんなに急いでいてもひと呼吸置いて、お札の上下をちゃんと揃えてお財布に入れることを心がけているそうです。たとえコンビニで後ろにお客さんが並んでいても、たかが1〜2秒のこと。見習いたいですね。対して私は、タクシーでおつりをもらった時、お札をがばっとそのままお財布につっこんでしまうことも多々。1日の終わりにお財布を俯瞰しながらお札の向きも揃えるわけですが。

つくづくお財布には、持ち主のお金の使い方から性格や暮らし方まで現れるものですね。

お財布はフルオープンで眺めるものを

革小物ブランド、ミケランジェロのお財布。ポケットはたくさんあるけれど持ち歩くカードは、銀行のキャッシュカード1枚とクレジットカード2枚だけ。

手帳はマンスリー。3色ペンで

スケジュールがパンパンだと
部屋もゴチャゴチャに⁉

スケジュールを書きこむ手帳は、マンスリーのシンプルなものを使っています。日記や将来の夢までを細かに書きこむタイプの手帳を使っていたこともありますが、結局シンプルなものに戻ってきました。

書きこみには、3色の消せるボールペン「フリクションボール」を使います。時間は赤、場所は青、内容が黒の3分類。昔はプライベートと仕事で色分けしていましたが、そのうち、「仕事もプライベートもない、すべての時間が愛おしく愉しいのだ」と気づいて、現在の3分類になりました。

じつは日々のスケジュールと部屋の片づけは大きく関係しています。

スケジュール帳がパンパンになると、部屋も比例してゴチャゴチャしてくるのを感じたことはありますか。

時々、オフィスのデスクまわりの断捨離をコーチさせていただくのですが、最近お邪魔したのは、まさにこれを思い知らされるデスクでした。マスコミ業界で多忙な日々を送っている3人の方。引き出されたままの引き出しの上に書類が重なり、そのまた上にパソコン。椅子は見事なまでに収まりません。

ああ、みんな忙しすぎるのです。毎月毎週、毎日毎時間の締め切りの世界。こなさなければならない仕事の量を思えば、机の上を効率的に整える時間労力さえも惜しいに違いありません。その結果の残念な悪循環。けれど、長期間この状態に慣れ親しんでいるせいか、あまり危機感を感じていないふうが、かえって問題である気がします。

「辛口で容赦なく、どうぞ」と言われて、本当に容赦なくコーチさせてもらいましたが、これは緊急外科手術のようなもの。手術はそれなりに傷みが伴います。その傷がちゃんと癒えてから、スムーズな代謝を取り戻していくのです。

部屋が散らかってきたなと思ったら、スケジュール帳を見直す必要があることを心にとめておきたいですね。

さて、私のスケジュールは……というと、午前中は好きな時間に起きて、原稿を書いたり、家の中を磨いたり。午後は取材や打ち合わせを入れ、夜の予定がある時も。現在製作進行中の本が数冊。その合間に、出張、旅行、帰省……。ああ、どうやら人のことを言っている場合ではなさそうです。

ひらめきを俯瞰する「思考整理ノート」

アウトプットしたら早々に手放す

バッグに必ず入れて持ち歩いているA5サイズのノート。名づけて、「思考整理ノート」。メーカーやブランドのこだわりはありませんが、方眼ノートと決めています。方眼どおりには全く使っていませんが、罫線でもなく、無地でもなく。

打ち合わせをしている時、取材を受けている時、自分の頭にひらめいたことを整理するために書きこんでいきます。「いいアイデアがひらめいた」と思っても、砂のようにさらさらと消えていきます。そんな考えをつらつら書きとめるのではなく、図解で、あるいは標語のように一言で、パッパッと記していきます。

例えば、ある日のページ。

・いつも同じでつまらない
・突飛すぎて落ちつかない

これは、洋服を買っても結局着なかった、そんな「失敗の理由」を分析したもの。ぐちゃぐちゃしていた思考が、ふっとまとまった瞬間です。こうしてノートでアイデアを俯瞰すると、これが呼び水となり、また新たなひらめき、思いつきが生まれます。

こうしてまとまったメソッド（?）を原稿に反映したりブログにアップしたりすれば、ノートの役割は終わり。ノートを後から見返すことはほぼありません。しばらくノートを残しておいた時期もありますが、見返さないことに気づいたので、使い終わったら未練なく捨てています。使用中でもノートにミシン目が入っているため、アウトプットしたら切りとって捨てるようにしています。するとノートは徐々に薄く軽いものになっていきます。

ノートに記す時に愛用しているのが、筆タッチサインペン。さらさらと紙の上を滑っていくような書き心地は、これまでにない感覚です。

そしてもう1つ、このペンに落ちついた理由は、書く時に横の動きを意識できるからです。ふだん原稿を書く時は、パソコンのキーボードを打つ動作、つまり縦の動きをしています。一方、ノートにペンで書く動作は、横の動きをします。これらは、脳に働きかける作用が正反対。両方をバランスよく行うことが脳にほどよい刺激となるのですね。

テレビは、自分軸でつきあう

スイッチをON、OFFできるかが分かれ目

ひとり暮らしを機にテレビを断捨り、しばらくテレビのない生活をしていました。それで特に困ることもなかったのですが、急きょテレビに出演することになり、慌てて家電量販店へ。売れ残りの1台がたまたま安く手に入りました。コンパクトな薄型、持ち運びのできる持ち手のついたテレビです。DVD、CDプレーヤーもそうですが、家電は、デザイン重視。機能としては、見られて、聞けて、操作がシンプルであればそれでよし。インテリアとしてオブジェになるものを基準に選んでいます。

書斎の景色の一部と化したわが家のテレビは、まったくもって自己主張の強いタイプではありません。一方、家の中心に主人のごとく鎮座しているテレビもあります。リビングルーム＝テレビを観る場所となっているお宅も多いでしょう。画面に釘づけにして離さない、そんな魔力もたしかにテレビにはあります。

日本人の生活に切っても切り離せないテレビ。テレビがどのような形でその家に存在するかはともかく、つきあい方で大事なことは次の一点に尽きると思います。

それは、意図的にスイッチが切れるか、切れないか。

テレビ番組を選んでスイッチをONにし、見終わったらスイッチをOFFする。これを、意思を持ってやっているか。自分を軸にコントロールできるか。

テレビを悪者に仕立てることは簡単だけれど、情報を得る手段として必要な時もありますからね。災害ニュースに関してはやはりテレビは心強いし、今は、NHKの朝の連続テレビ小説を愉しみに観ています。でも15分間のドラマが終わったら、テレビのスイッチをぶちっと切る。

ともあれ、家に帰るなり、なんとなくテレビをONにし、情報をただ垂れ流している……そんな状況を一切つくらないことです。「音がないと落ちつかない」という人もいるようですが、コントロールを効かせる必要はあるでしょう。

さて、テレビ出演に合わせて買った私のテレビですが、結局、自分が出演した番組を見たのは最初の一度だけ。自分がテレビに映った姿というのはどうもね……それ以降は一度も見たことがありません。

第7章 「通」空間

三和土《たたき》に敷いた玄関マット

「ようこそ」「ただいま」の空間を美しく

玄関は、お客さまにとって「ようこそ」の場所。私にとっては「ただいま」の場所。外から内へ、内から外へ。空間と空間をやんわりとつなぐ大切な場所です。そんな玄関に鎮座する玄関マット。靴を脱いで家に上がったところにマットが置かれていることが多いものですが、私はあえて玄関の三和土に敷いています。私にとって、この三和土にある玄関マットこそ、「ようこそ」と「ただいま」の表現。

和の空間には、三和土から家へ上がる中間にどっしりした石が置かれています。あるいは泥除けのすのこを敷いているお宅もあるでしょう。それと同じ感覚です。そこは、外と内を完全に分断してしまわない中間層。靴でも裸足でもかまわないファジーゾーンです。「ここからが家ですよ」となんとなく知らせる暖簾《のれん》の役目ともいえそうです。

そんなわが家の玄関マットは、絹地のなかなか厚みのあるタフな素材。内階段のあるマンションのため泥や砂で汚れることはほとんどありませんが、3ヵ月に一度、洗濯屋さんに出しています。すると、もう1枚の出番。2枚を交替で使っています。

この2枚はいずれもブータンとタイのマーケットで買ったもの。色合い鮮やかで、柄も大胆ながら繊細。「ぜひわが玄関に」とその場で惚れこんでしまいました。お皿など器系にたいそう弱い私ですが、布系にも弱く、旅先でこうしたものに出会うとつい買ってきてしまいます。

三和土に玄関マットがあると、お客さまはたいてい気を遣われます。ちょっとした振り返りがあるというのでしょうか。靴でのることをためらわれたり、「素敵ですね」と関心を示されたりして、いったんそこで呼吸してから家に上がります。

またこのマットのおかげで、玄関を散らかそうという気持ちにはなりません。靴は靴箱へ。傘は同じく扉の中へ。玄関には、スリッパやスリッパ置き、傘立てを置いていないため、空間にはらりと敷かれたマットの存在感が浮き立ちます。キッチンマットやトイレマットは清潔に保つのは難しいのでNGにしていますが、この玄関マットだけは特別待遇です。

「素足でお上がりください」

キレイな家に、スリッパはいらない

家の中は素足が一番。なんといっても気持ちいいでしょう。スリッパはなく、お客さまにも素足で上がってもらいます。

私がよく行く旅館のご主人がこんなことを言われていました。そこは小さな旅館ですが、床は漆塗りでなかなか立派です。「こうした漆が保たれているのは、うちがスリッパを置いていないからです」とのことでした。スリッパは、すなわちサンドペーパー。細かいごみや摩擦で床を傷つけます。このご主人も、「素足は本当に気持ちいいですね。どうぞ裸足でお上がりください」とおっしゃっていました。

家で素足か、スリッパを履くかは、それぞれの生活スタイルです。ただ、中にはスリッパを履かずには上がれないようなごみ屋敷もあります。そんなお宅にお邪魔したことがあるのですが、当の家の主は、「裸足だから、床の汚れ具合がよくわかる」なんて笑っていましたけどね。

スリッパを持たないことで、もう1つメリットがあります。それは玄関が散らからないこと。当然、スリッパ置き場もありません。またスリッパは、汚れるわりに洗濯しづらく、清潔に保つのは至難の業です。

ところで私の友人、結婚するきっかけになったのは、スリッパがおおいに関係しているとの話。いったいどういうことでしょう。

彼女も今の旦那さんも熱心に断捨離に励むダンシャリアン。ある時、ばったり街で再会して、「断捨離がんばってる?」なんて話で盛り上がったそうです。その時、彼女は何の気なしに、「じゃあ、うち見に来る?」と言ったのです。

今まで人に見せられる家ではなかった彼女でしたが、彼は同じダンシャリアン、「見せたい」「見てほしい」という気持ちになったといいます。彼が友人の家に上がったとたん、なんと靴下を脱ぎました。彼女はそれを見て、「自分を受け入れてくれた」と感じたそうです。「昔は汚くて靴下を脱げないような家だったけれど、お客さんが靴下を脱いでくれるほどくつろいでくれた」と。

それが結婚のきっかけになったなんて、人生はおもしろいですね。

よそのお宅に上がる時、素足が失礼か否かという問題はさておいて、素足の偉大な効果を見た思いです。

靴箱の靴は、5割以下に

お店のような
ディスプレイを愉しむ

靴が好き＝靴をたくさん持っている、と思いこんでいませんか。靴がたくさんあると、靴箱はどんどん大きくなり、やがて生活空間を圧迫していく……。コレクションとして愉しむならけっこうですが、収納というものはじつにお金もかかります。

私も大の靴好きのひとり。だからこそ靴は厳選したものを大事に履きたいものです。その時々の気分にぴったりの靴を買って、めいっぱい履く。履くだけでなく、ディスプレイでも愉しむ。心ウキウキと、お店で売っている時のように美しく。靴と食器はディスプレイ感覚で収めたいと思っています。

そこで、靴箱は5割収納。いや5割以下収納。1段に2足までと決めています。ゆうゆう3足入る空間でも、あえて1足分の空きをつくる。同じ形で色ちがいのパンプスを3足並べたら……と夢想したこともありますが、そこをぐっとこらえました。1足分の空きがあるだけで、靴箱の見た目がまるで違います。1つ分、お客さまスペースが生まれます。このスペースこそがゆとりの証。風通しがよく、1足1足のかわいらしさが引き立ちます。

靴が少ないとお手入れもラクです。パンプスは面積も小さくほとんど汚れることはないけれど、手入れを怠ると傷みも早くなります。帰宅して、さっと布でぬぐう。「そのつど方式」で、汚れも「気」もたまることはありません。靴の臭い対策？　靴箱の臭い対策？　そんなものは必要ありません。

靴箱には、パンプス4足以外に、スニーカー2足、つっかけ1足、ブーツ1足があります。今はとりたてて運動をしていないので、スニーカーの出番は少ないですね。

旅行でもヒールで歩きまわりたいほうです。海外のホテルディナーはほぼドレスコードがあるので、ヒールのあるパンプスは必携でしょう。スーツケースにヒールを入れて持参する人もいますが、私は逆。ヒールで飛行機に乗り、念のためにスニーカーを持参します。スニーカーをはかずに帰ってくることもしばしば。けれど、前回旅行したペルーの秘境では、さすがにヒールの出番はありませんでしたね。

ブーツはひと冬に1足。ブーツは魅力的なので、つい2足3足と買い足したくなりますが、例によって1足のヘビーローテーションです。値段も高いので、どんなコートにも合うベーシックなロングブーツを選んでいます。

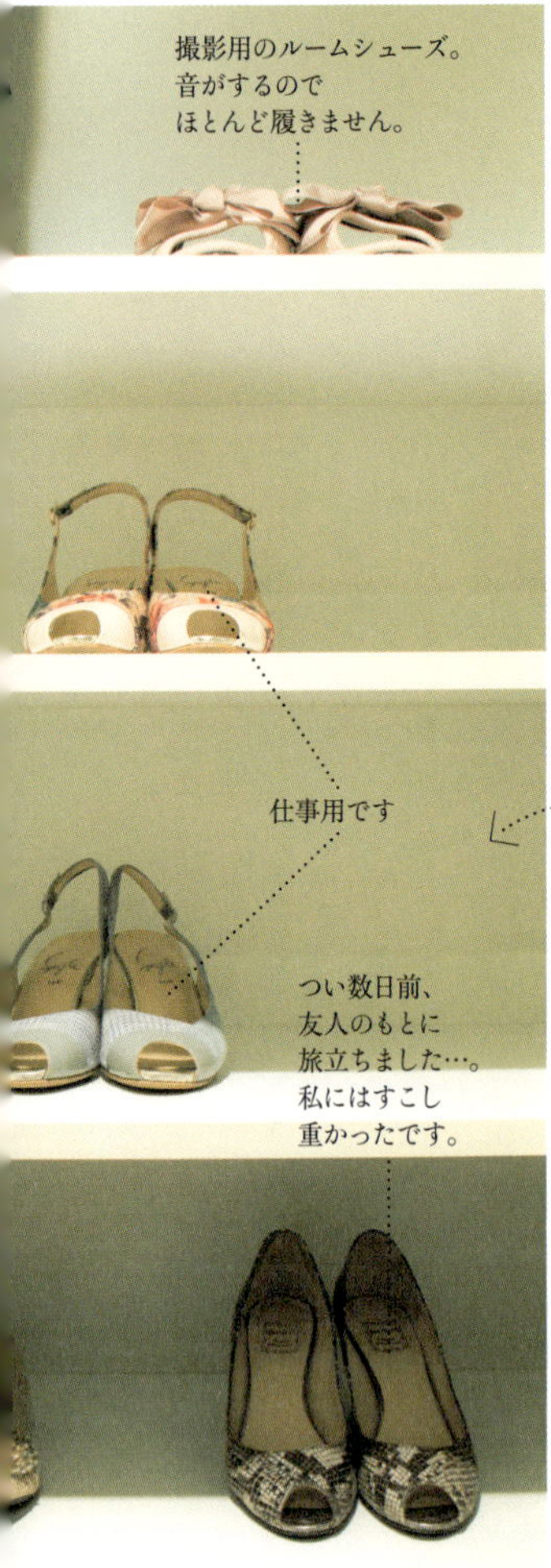
撮影用のルームシューズ。
音がするので
ほとんど履きません。
仕事用です
つい数日前、
友人のもとに
旅立ちました…。
私にはすこし
重かったです。

靴が好きだから、より厳選する。

そこそこ値段が張り、流行のスパンも長めの靴。
「捨てづらい」と靴箱に置いていませんか。
私は現役の靴しか持ちません。

靴箱にはお客さまスペースも

3足並べられる？ と思っても2足、あるいは1足にとどめます。少ないようですが、中でもあまり履いていない靴もあり、断捨離検討中。

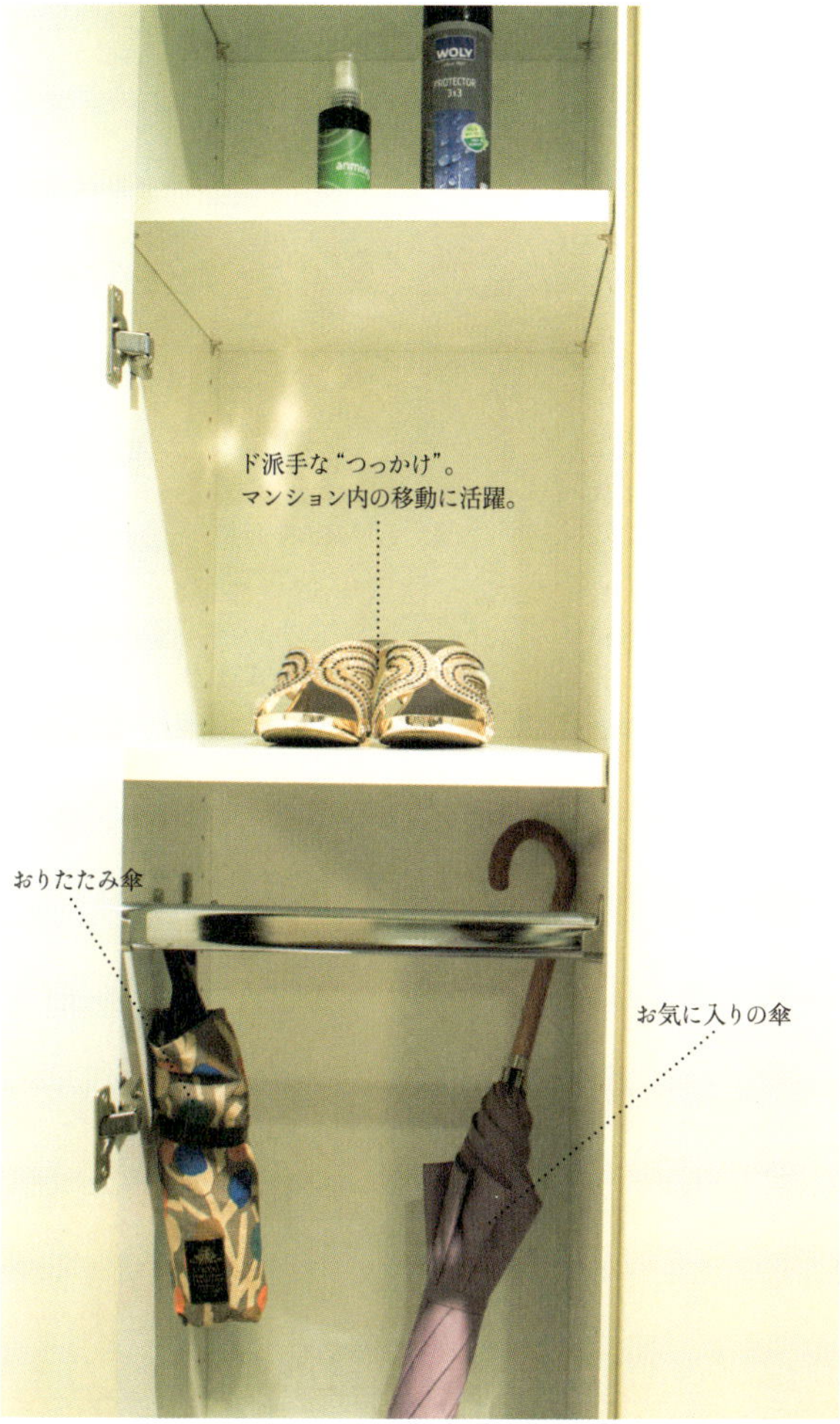

傘はここで雨の日を待ちます

靴箱の隣にある傘置きスペース。使った傘は干してここに。扉を閉めれば、玄関に傘の姿はありません。お客さまの傘はタオルやシートで一時置きの場所をつくって。

季節で2足、お気に入りパンプス

7センチヒールで颯爽と歩く

7センチヒール。これを格好よく履きこなし、すたすた颯爽と歩く女になりたいですね。そこそこの高さのあるヒールは交感神経を刺激してくれます。ぺたんこの靴では、歩き方もそれこそぺたぺたして緊張感がなくなってしまいそう。

ヒールの高さは、人それぞれに「ちょうどよさ」があります。靴屋の店員さんに聞いてみると、丁寧にアドバイスしてくれますよ。私は50代になってスカートを履くようになり、「どうせ脚を出すならキレイに見せたい」と思うように。いろいろ試して7センチに落ちつきました。

数にして4足。そのうち、日頃から履いているものはなんと1足です。少ない靴のヘビーローテーション。履いて履いて、履き倒して。「お世話さま」と声をかけて手放します。

春。まだ冬の名残を肌に感じる頃。春は変化の季節、変化は足元から、というわけで、ちょっと浮き立って春色パンプスを買いにいきます。真新しいパンプスは、なんと心も足どりも軽やかにしてくれるのでしょう。

あるいは秋の終わり。雪国暮らしの長かった私は、冬の準備をいそいそと始めます。昔はゴムの長靴が必需品だったけれど、今は秋冬のパンプスを買いにいくのが慣例。ここにロングブーツが仲間入りすれば冬の準備完了です。

この「靴を買う」という行為は、まるで季節の節目を愉しむ儀式のようです。季節とは自然の新陳代謝。それに呼応するように、身の回りのモノも新陳代謝する。ひと月サイクルで循環し、もはや衣替えがなくなってしまった洋服の代わりに、靴は私に季節が移りゆく喜びをもたらしてくれます。

靴箱の前に立ち、改めて靴を眺めてみると、パンプスというパンプスがつま先の開いたオープントウのデザインばかりだと気づきました。それは、春夏もの、秋冬ものにかかわらず。つま先はエネルギーの出入り口。知らず知らず、体のエネルギーが循環する靴を選んでいたようです。

傘はひとり1本

お気に入りの傘なら、置き忘れもなし

雨が好きです。荒天は、気圧の変化でソワソワするからでしょうか。天気の「気」は、気分の「気」。大雪も好きです。こんな日はみんなが親切になって、「だいじょうぶですか」と声をかけ合ったり、気づかったり。雨の後は空気もキレイですね。

雨の日、帰宅したら、使った傘をそのまま広げて干しておきます。乾いたら、靴箱の横の傘置き場にしまう。傘立ての出番はついにありません。

そもそも傘立ては必要でしょうか。「いったいどんな大家族?」というほどの大量の傘が傘立てに溢れかえっているお宅を見かけます。そこに美しさは感じられますか。これこそわかりやすい無意識、無自覚の証。傘立をなんとなく持っていて、なんとなく使っている。そこに何らかの思考は働いていません。

ああこの光景、まさにかつての実家の玄関のことです。その当時、実家の住人は2人。母と孫、つまり下宿中のわが息子。半月ぶりに訪ねると、いつの間にか静かに傘

が増殖していました。その数8本。住人の数と勘定が合わないと考えるのは私だけでしょうか。

傘が増えていった理由は、容易に推測できます。おそらく、孫が仕事場に傘を忘れてきて、翌日雨の中を走って出かける姿が、母の胸に残るわけです。当の孫は、多少濡れることなど意に介さないのですが。結果、母は何本も傘を準備し、万端の態勢でのぞむわけです。母に言わせると、「わずかたった8本」。鬼娘の私に言わせると、「一度に2本も3本もいったいどうやって傘をさすのよ」。

かつて、ギチギチに詰まった傘立てを前にして、母はこうも言い放ちました。「お客さんが帰り際、雨に降られたら貸してあげられるでしょ」。実家に来訪するお客さまは、ほとんどが車です。お客さまの数も大変少なく。どれだけの頻度で運悪く雨に遭遇するのやら……。

長傘1本。私には、これで十分です（そして、バッグに入るおりたたみ傘1本も）。さすのが愉しくなるような美しい絵柄の傘を買います。外側はシンプルで、内側に絵が描かれているデザインの傘。こういう傘を持っていると、どこかに置き忘れてしまうこともありません。大事に大事に2〜3年使い、「そろそろいいかな」と思ったら新しい傘に買い替えます。さらに雨が待ち遠しくなるような傘に。

災害備蓄品は、水が6本

不安で買いこんでも
安心はやってこない

「備えあれば憂いなし」と言いますが、どのくらいの備えがあれば、不安を感じずにいられるでしょうか。3日分あれば安心？　いえ、今度は5日分ないことに不安になります。では、5日分あれば安心でしょうか。いえ、今度は1週間分ないことに不安を覚えます。半年分蓄えようなんて思ったら大変でしょう。まさに「備えるから憂いあり」ですね。いつ起こるかわからない非日常より、日常のほうが大切。日常生活に支障を来すほどの非日常への備えなんていりません。

私の災害備蓄品といえば、水だけ。2Lのミネラルウォーターを最低6本1ケース、最大12本をストックしています。それを日常でも使いながら、中身がぐるぐる入れ替わるようにしています。

食糧は特に備蓄していません。冷蔵庫や冷凍庫のパンさえあれば、3日は持ちこたえられます。災害時は72時間が運命の分かれ目といわれています。なので最初の3日は自助努力しつつ、次にすべきことを考えようかなと。

備蓄と買いだめの違いをおわかりでしょうか。備蓄とは、適正な危機管理。けれど、同じモノであっても買いだめとなったら適性ではなくなります。不安から買いこんだ食糧。不安がモノに化けて、化けたモノたちがさらなる不安を呼び起こします。まるで無限地獄の負の連鎖。「不安」に焦点を合わせているかぎり、どんなに買いだめしても、どれだけモノを抱えこんでも、安心はやってきません。

それよりも、「今ここ」にあるものに焦点を合わせましょうか。「今ここ」のありがたさに焦点を合わせると、それは未来を信じることにつながります。すると、信じた未来が流れこむがごとくやって来る、そんなメカニズムが世の中にはあるのです。

さて、備蓄の水はキッチンではなく、玄関の棚に置いています。

その棚には、災害時に役立つであろうこんなモノたちが。オイルランプ、ろうそく、工具、ガムテープ、トイレットペーパー、ティッシュペーパー、乾電池、電球の予備。棚の上部にはブレーカーがあるので、停電したらブレーカーをチェックし、オイルランプを灯すこともできます。

ちなみに懐中電灯とちがってオイルランプは雰囲気があるので、演出用としてもOK。お客さまの食卓にほんのり灯したこともありました。

玄関前収納は
俯瞰が命！
トイレットペーパーから
ミニ工具まで。

玄関前に収納するモノは、リビング、寝室、洗面所とどの部屋にも持ち運びやすいモノ、いざとなったら玄関から持って避難できるモノが中心です。

非常時のミネラルウォーターはここに

玄関の棚、右の扉には備蓄のミネラルウォーターが6本。一番下には、賃貸マンションの入居者案内。歴代の住人のモノを断捨離して、やっとこの数。オイルランプや観葉植物の栄養剤はその上に。

場所をとるペーパーストックがここに

玄関の棚、左の扉にはティッシュやペーパータオル、袋から取り出したトイレットペーパーのストックが中心。手が届かない一番上の棚は使いません。

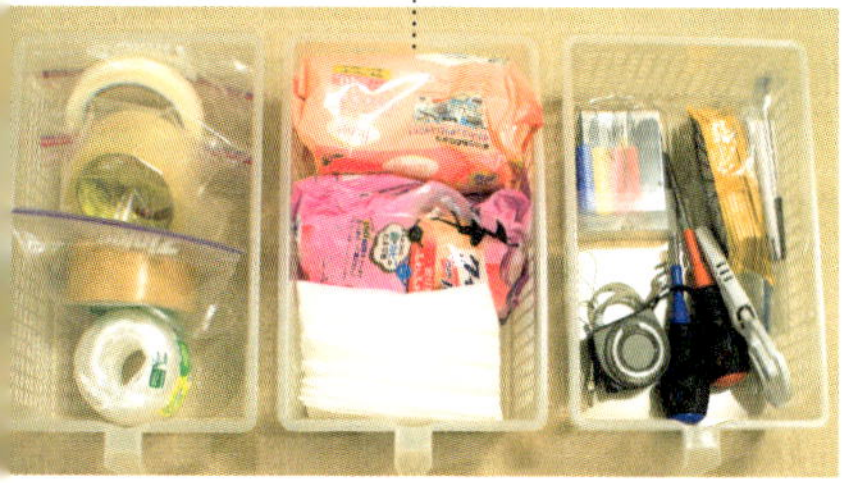

ミニ工具はフタのないカゴに

ティッシュなどの上の段には、細々とした工作・工具の収まった透明カゴが3つ。ベタベタしてゴミがつきやすいガムテープはジップロックに入れて保管します。

頻度の高いモノほど手前に

左の引き出しには、チャッカマンやライター。引き出しの中は使用頻度の高い順に手前からモノを置きます。右の引き出しには、電池や電球のストックを透明ケースに並べています。

おわりに

私とあなたのための空間づくり。

「おかえり」と、待っていてくれる空間がある。
「ようこそ」と迎えてくれる空間がある。

だから、私はいつもこんなふうに思うのです。

今、私のこの部屋は、私をどんな気持ちで待っているのかしらと。あなたをどんな気持ちで迎えようとしているのかしらと。

そして、私はいつもこんなふうに願っているのです。

私がゆったりとくつろげるように。
あなたが心ゆくまで愉しめるように。

そう、私を心地よく受け止め、あなたを心地よく招き入れる空間を、私は手にしていたいのです。

ひとりの時はくつろいで、仲間であるあなたとは愉しく過ごす。それはいわば、「ねぎらい」という癒やしと、「もてなし」という励ましのある空間であり暮らしでもありますね。

シンプルな空間だけど、潤いがある暮らし。
潤いのある空間だけど、シンプルな暮らし。

そんな居心地の断捨離空間には、きっと、かすかに垣間見える生活感と、ほのかに漂う生活の香りがあると思うのだけど。

やましたひでこ

やましたひでこ

東京都出身。石川県在住。早稲田大学文学部卒。学生時代に出逢ったヨガの行法哲学「断行・捨行・離行」に着想を得た「断捨離」を日常「片づけ」に落とし込み、誰もが実践可能な自己探訪メソッドを構築。断捨離は、心の新陳代謝を促す、発想の転換法でもある。処女作『断捨離』(マガジンハウス)は、『俯瞰力』『自在力』(いずれもマガジンハウス)の断捨離三部作を他、著作・監修を含めた関連書籍は国内累計300万部を超えるミリオンセラー。台湾・中国でもベストセラーを記録。最新刊は『大人の断捨離手帖』(学研パブリッシング)。現在、出版はもとより、新聞・雑誌・TV・ラジオ等様々なメディアを通して精力的な活動を続けている。

やましたひでこ公式HP『断捨離』
日々是ごきげん　今からここからスタート
http://www.yamashitahideko.com/

やましたひでこオフィシャルブログ『断捨離』
断捨離で日々是ごきげんに生きる知恵
http://ameblo.jp/dansharibloq/

断捨離オフィシャルfacebookページ
http://www.facebook.com/dansharist

やましたひでこ断捨離塾
http://www.yamashitahideko.com/sp/dansharijuku/

モノが減《へ》ると
心《こころ》は潤《うるお》う
簡単《かんたん》「断捨離《だんしゃり》」生活《せいかつ》

2015年12月1日　第1刷発行
2017年7月15日　第10刷発行

著　者　やました ひでこ

発行者　佐藤靖

発行所　大和《だいわ》書房
東京都文京区関口1-33-4
電話 03(3203)4511

印　刷　歩プロセス
製　本　ナショナル製本

ISBN978-4-479-78342-8
乱丁本・落丁本はお取り替えいたします
http://www.daiwashobo.co.jp

編集協力　門馬聖子
デザイン　三木俊一＋吉良伊都子(文京図案室)
カバー・本文写真　佐藤克秋